KB260411

기초 다지기

현대 중국어 문법

오길용 저

제이앤씨
Publishing Company

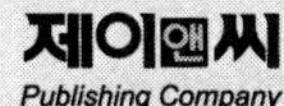

머리말

중국어는 문법구조를 개괄적으로 이해하는 것이 필요하다. 어떻게 단어가 형성되고 구와 문장이 만들어지는지 기본적인 틀을 알려고 노력해야한다. 중국의 많은 어문교사들이 통일된 학교문법을 토대로 지도하면서, 문법에서 논쟁이 되는 부분은 쉽게 판단을 내리지 못한다. 이처럼 통일되어 있지 않은 중국어 문법이론을 단시일에 통일하기는 어렵다. 문법의 기초 지식을 갖춘 사람이면 누구나 문제점을 잘 알고 있을 것이다.

흔히 중국어는 인구어와 달리 중국어는 형태변화가 없기 때문에 배우기 쉽다. 형태변화가 부족해 배우기 어렵다. 여러 가지 문법 관계를 이해하면 글을 짓기가 매우 간단하다. 중국어는 문법이 없다 등 다양한 의견을 제시한다. 이러한 주장이 모두 맞을 수도 있다. 그만큼 중국어문법에 대한 연구는 현재도 진행되고 있다.

중국언어학 분야에서 중국어문법의 역사는 그리 오래되지 않았다. 청나라말기까지 한자학, 성운학, 훈고학을 기반으로 소학을 연구하였지 뜻글자를 사용하는 중국은 문법을 연구하여 정리하지 않았다. 1898년 마건충(马建忠)이 서양언어학에 접목하여 〈马氏文通〉이라는 문법서를 처음 편찬하고, 1920대 여금희(黎锦熙)가 〈新著国语文法〉을 출판한 것도 100년이 되지 않는다. 그간 문법에 대한 많은 연구와 발표가 있었으나, 현대 중국어는 아직도 문법체계와 내부구조를 밝혀 정리하기가 쉽지 않다. 사회주의국가인 중국이 자본주의 시장경제를 도입하여 새로운 제도를 접목하는 과정에 있듯이 중국어문법도 실험적인 단계에 있다고 할 수 있다.

이 책은 중국어 초급 문법학습자를 대상으로 문법의 기본적 이해를 돕기 위해 만든 것이다. 학생들에게 기초문법을 가르치며 정리한 문장을 편집하여 교재로 쓰며 모은 것이다. 문법이론에 문제가 되는 복잡한 설명은 제외하였으며, 문법범주도 최대한 선별하여 기본적으로 알아야 할 내용만을 서술하였다. 아울러 중국어 예문은 모두 초급 수준을 넘지 않았다.

전체적인 목차는 기본적인 단어의 형성, 구와 문형 구조를 이해하는 순서로 구성했다. 설명이 부족한 부분은 쉽게 이해할 수 있도록 계속 보완해 나갈 것이다.

저자씀

기초 다지기
현대 중국어 문법

차 례

기초 다지기

현대 중국어 문법

제1장

현대중국어 문법

기초 다지기
현대 중국어 문법

기초 다지기

현대 중국어 문법

제1절

문 법

우리는 평소에 수없이 많은 말을 하고 글을 쓰며 생활한다. 이러한 말과 글에는 언어의 규칙이 있다. 규칙은 말과 글이 잘 흘러가도록 돕는 것이다. 사람들은 어떠한 글을 읽고 이 문장은 틀렸다, 문법에 맞지 않다고 자연스럽게 말할 수 있다. 일반인의 머리 속에 무의식적인 문법 지식이 들어 있기 때문이다. 그러나 왜 말과 글이 문법에 맞지 않는지를 분명하게 설명하지 못한다. 문법을 배우면 문법적 규칙을 이해할 수 있기 때문에 문장에 나타난 문법적 오류의 원인을 찾아 설명할 수 있는 것이다. 문법은 모든 언어에 객관적으로 존재하는 말과 글의 규칙이다. 어떤 언어도 규칙을 벗어나 무질서하게 결합할 수 없다.

문법과 어휘는 모두 언어의 요소이다. 어휘는 단어의 집합체이며, 언어를 구성하는 재료이다. 어휘가 없으면 언어가 존재할 수 없다. 문법은 단어를 사용해서 문장을 구성하는 규칙이며, 문법이 없다면 언어 역시 상상할 수도 없다. 예를 들어 "我们, 讨论, 问题, 经常, 汉语"의 단어를 "问题经常汉语讨论我们.", 또는 "经常汉语问题我们讨论."와 같이 마음대로 배열하면, 중국인은 말이 안 된다고 할 것이다. 왜 이러한 현상이 일어날까? 일반 중국인의 머리 속에서 이러한 단어 결합이 중국어 문장의 구조 규칙에 맞지 않는다. 중국어 문장의 구조 규칙에 의해서 이 문장은 "我们经常讨论汉语问题.", 또는 "汉语问题我们经常讨论"라고 구성해야만이 어떠한 의미를 지닌 문장을 만들 수 있는 것이다. 이는 문법이 단어의 배열 순서에 일정한 규칙을 요구하기 때문이다. 문법지식이 없는 일반인은 구체적인 배열 규칙을 설명하지 못할 뿐이다.

문법은 전문적인 지식이 필요하다. 일반인이 글을 읽고 문법규칙에 맞는지, 틀린지 판단하는 언어감각은 있어도, 문법을 배우지 않으면 틀린 이유를 설명할 수 없다. 어떤 사람이 자기는 중국어를 잘하여 중국어를 가르칠 수 있다고 생각할 수 있다. 하지만 위 문장에서 무엇이 잘못되었는지 설명하지 못한다면 중국어를 가르칠 수 없다. 중국어를 잘하는 것하고 중국어의 결합규칙을 이해하여 설명을 잘 하는 것과는 다르다.

사람이 일생 동안 수많은 문장을 구사하지만, 이러한 문장은 배워서 습득한 것은 아니다. 모국어는 말을 배우는 과정에서 자연스럽게 언어의 규칙을 습득한 것이다. 이 언어규칙은 감각적인 형식으로 두뇌 속에 존재하고 있다. 중국어 역시 한 문장씩 배워서는 습득할 수 없다. 중국어를 모국어처럼 구사하려면, 중국 언어의 규칙을 이해하여 많은 문장을 표현해 낼 수 있어야 한다. 이러한 언어의 규칙이 문법이다.

문법에는 어떠한 규칙이 있는가? 문법에는 크게 단어를 조합하는 규칙과 문장을 조합하는 규칙이 있다.

우리가 말을 하고 글을 쓰는 데는 언제나 많은 단어로써 각양각색의 문장을 만들게 된다. 어떠한 단어가 어떻게 사용되어야 하며, 어떠한 문장이 어떻게 만들어야 하는지 모두 일정한 규칙이 있다. 규칙에 부합되는 문장만이 교제 기능을 갖춘 문장이 될 수 있다.

제2절

문법단위

모든 문장에는 구조가 있다. 단어를 결합하여 단어보다 큰 단위, 즉 구와 문장을 만드는 규칙을 말한다. 단지 글자와 단어를 알고 있다고 해서 문장을 쓸 수 있는 것이 아니다. 문장은 문법분석을 통해 각각 작은 언어 단위로 분석할 수 있다. 문법구조는 형태소, 단어, 구 등이 결합하여 문장을 만드는 방식이다. 이 형태소, 단어, 구, 문장이 문법단위이다. 예를 들면

你们 吃 葡萄 吗?

이 문장은 앞뒤에 휴지와 문장 끝에 의문조사가 있다. 어떤 음절은 이어서 읽고, 어떤 음절은 끊어 읽고, 또한 성조에 따라 의미의 차이가 있다. 이러한 음운 표기는 문법단위를 구별하는 데 중요하다. 이런 표기에 근거하여 "你—们吃—葡—萄—吗.", 또는 "你—们—吃—葡—萄—吗"와 같이 나눌 수 없다. "葡"와 "萄"는 분리되면 의미가 없고, "你"와 "们"에는 의미가 있어 们이 2인칭 복수를 표시할 때 你와 결합할 수 있다.

문법단위는 음절에 따라서 나눌 수 없고, 구조관계와 의미관계에 따라 나누어야 한다. 다음 문장은 구조관계와 의미관계에 따라서 네 가지 문법단위로 분해된다.

你们 喝 咖啡 吗?

"你们喝咖啡吗?"은 문장이다, "你们喝咖啡"와 "喝咖啡"는 구이다. "你们","喝","咖啡","吗"는 단어이다. "你", "们", "喝", "咖啡", "吗"는 형태소이다. 중국어에서 가장 작은 문법 단위는 형태소이다. 형태소는 단어를 구성하고, 단어는 구를 구성하며, 구는 문장을 구성한다. 문장은 형태소가 일정한 규칙에 따라 결합한 것이다.

제3절
문법의 특징

01 중국어의 어순은 문법적 구조와 문법적 의미에 중요한 영향을 준다.

영어나 불어, 독어 등의 인구어와 달리 중국어는 형태변화가 없기 때문에 어순이 아주 중요하다. 중국어의 문장은 단어와 단어가 결합하는 방식으로 구성되며, 문장성분을 배열하는데 있어 일정한 순서에 따라 문법적 관계가 결정된다. 즉 어순은 문장의 의미를 나타내는데 중요한 역할을 한다. 중국어 어순은 비교적 고정적이다. 주어는 술어 앞, 목적어는 술어 뒤, 수식어는 중심어 앞, 보어는 중심어 뒤에 위치한다.

중국어의 문법단위(형태소, 단어, 구, 문장, 단락)는 어휘적 의미 외에도 문법적 의미가 있다. 문법적 의미는 문법단위의 조합과정에서 만들어지는 여러 가지 문법적 관계의 의미이다.

중국어 문장 "我吃了饭"의 '了'는 동작의 완성을 표시하고, "我看他"에서 我는 행동의 주체인 능동이고 他는 행동의 수동을 표시하는 문법적 의미를 가지고 있다. 이 문장의 문법적 구조는 주어 + 술어 + 목적어의 어순이고, 문법적 의미는 동작의 완료와 능동과 수동이다.

어순은 문법과 수사상의 필요에 따라 변화시킬 수 있으나, 어순이 변화하면 구조가 바뀌어 문장의 의미가 달라진다. 예를 들어 보자.

我们理解(주어+술어)　理解我们(술어+목적어)
快走(부사어+술어)　走快(술어+보어)
走不出去　不走出去 (서로 다른 의미를 가진다)
你们过来!　过来! 你们(의미상 강조, 감정의 차이가 다르다)

이처럼 문장에서 사용한 단어는 같지만 어순이 다르면, 전달하는 의미가 다르다.

02 품사와 문장성분의 관계가 다양하다.

중국어는 하나의 품사가 여러 개의 문장성분이 될 수 있다. 인구어는 품사와 문장성분 관계가 대응관계이다. 동사는 술어, 명사는 주어와 목적어, 형용사는 관형어, 부사는 부사어와 대응한다. 동사, 형용사는 주어의 위치에 올 수 없다. 단지 명사성 성분으로 바꾸어 목적어가 될 수 있다. 예를 들면 동사 'read'는 동사이고 술어만 될 수 있다. 만일 주어나 목적어가 되려면 부정사 'to read' 또는 분사 'reading'으로 바꾸어야 한다.

그러나 중국어는 명사, 동사, 형용사의 기능이 다양하다. 중국어는 동사와 형용사가 술어나 목적어가 될 수 있으며 형태의 변화는 없다. 또한 동사와 형용사는 부사 不의 수식을 받을 수 있다. 동사와 형용사가 대응하는 문법기능의 차이는 동사가 목적어를 가질 수 있으나 형용사는 가질 수 없다. 형용사는 부사 很의 수식을 받지만 동사는 받을 수 없다. 명사는 주어, 술어, 목적어, 관형어, 부사어가 될 수 있다. 이처럼 중국어는 품사와 문장성분과의 관계가 복잡하다. 같은 어휘가 문법기능의 차이로 다른 형태의 단어로 분화되는 경우가 드물다. 예를 들면 영어는 'happy, happily, happiness'로 나눌 수 있지만, 중국어의 幸福은 나눌 수가 없다.

03 중국어는 음절의 수가 문법의 구조(형태)에 영향을 준다.

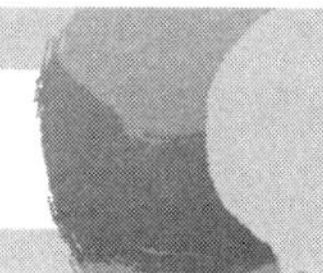

인구어는 음절의 수가 문법에 영향을 주지 않지만, 중국어의 어휘구조는 단음절과 이음절의 영향을 받는다. 중국어에서 사람을 호칭할 때 '小李, 老李, 英哲'라고 말하지 단독으로 李, 老英哲라고 말할 수 없다. 또한 进行, 共同 등 이음절 동사 뒤에는 进行调查, 共同使用처럼 이음절 단어를 붙여야 하며, 走的路线처럼 단음절 동사가 이음절 동사를 수식하면 일반적으로 '的'를 붙인다. 중국인은 음절에 균형을 맞추어 대칭을 만드는 의식이 있다. 다음절 단어는 세 개가 아닌 네 개의 음절로 구를 만드는 4자구가 많다. 명사와 동사를 조합하여 관형어와 중심어로 구성한 文学评论, 货物运送도 4음절로 표현하지 3음절의 文学评, 货物运라고 말하지 않는다.

04 형태변화가 없으나 풍부한 허사가 여러 가지 문법 관계를 표현한다.

영어나 불어 등 인구어는 형태 변화가 발달되어 있다. 즉 동사에 현재나 과거의 시제를 표시하거나, 한 사건의 지속, 완료(相) 등을 표시하는 형태소가 있고, 문장에서 명사와 대명사에는 성(性), 수(数), 격(格)을 표시하여 문법적 기능을 하는 형태소가 있다. 그러나 중국어는 동사에 시제를 표시하는 형태소가 없다. 중국어의 시제는 주로 시간사에 의하여 현재, 과거, 미래를 나타낸다.

중국어는 같은 결합성분이라도 허사가 다르면 그 의미가 다르다. 허사는 문법 관계에서 문장구조를 결정할 수 있는 중요한 기능을 한다. 예를 들면 '的, 们, 了, 着, 过'는 어휘의미가 없다. 문장에서 다른 실사나 구에 붙어서 문법적의미를 나타낸다. 주술관계인 '祖国伟大'에 的을 첨가한 '祖国的伟大'는 수식관계이다. 이처럼 허사(唉, 哈, 和, 或, 的, 被, 把)에 따라 그 문장의 강조성과 의미가 달라진다. 예를 들어 보자.

他在写一篇文章.(진행)
你回去吗？(의문)　你回去吧!(권유)　你回去嘛。
买杂志　买的杂志　买杂志的

05 모든 문법단위의 형태가 공통성을 가지고 있다.

중국어의 문법단위인 단어, 구, 문장은 기본적으로 동일한 형태이다. 형태소가 단어를 구성하는 구조와 단어가 구, 문장을 구성하는 구조가 동일하다. 영어는 대부분 접두사와 접미사를 붙여 파생어를 만든다. 반면에 중국어는 파생어가 적고 복합어가 대부분이다. 단어의 구조가 구, 문장의 통사구조에 있어서 기본적으로 일치한다.

	주술식	수식식	동목식	동보식	연합식
단어	地震	黑板	将军	扩大	美丽
구	地动	新衣服	看电影	写得很好	调查研究
문장	大地震动了.	快跑!	下雨了.	说下去!	春去夏来

기초 다지기

현대 중국어 문법

제2장

형태소와 단어

기초 다지기

현대 중국어 문법

제1절

형태소

형태소는 단어를 구성하는 소리(音)와 뜻(义)이 결합되어 의사를 나타내는 최소의 문법상의 언어단위이다. 중국어의 각 음절은 모두 의미와 성조를 가지고 있다. 따라서 음성면에서 형태소는 의미와 성조를 지닌 음절이다. 형태소는 문자상 자형이 서로 다른 한자로 나타내는 최소의 소리와 뜻의 결합체이며, 字는 소리와 뜻, 자형의 결합체이다.

형태소는 가장 기본적인 문법형태를 나타내는 전통적인 용어이다. 최소 중국어부호라고 정의할 수 있으며 이는 음과 의미의 자의적 결합으로 더 이상 쪼개질 수 없는 문법단위다. 흔히 중국어가 단음절어 중심이라고 말하는 것은 중국어의 모든 음절은 의미를 가지고 있으며, 형태소가 하나로 구성된 단어가 많다는 뜻과 같다.

중국어의 문장은 여러 개의 구 또는 단어로 나눌 수 있으며, 단어는 다시 더 작은 단위로 나눌 수 있다. 단어는 단음절, 이음절, 다음절로 구성되어 있는데, 단음절 형태소는 중국어 형태소의 기본 형식으로 '语', '言', '天', '人', '民', '化', '员' 등으로 모두 의미가 있을 뿐만 아니라, 의미가 있는 더 작은 단위로는 나눌 수 없다. 이음절형태소(双音节语素)는 '葡萄', '玻璃' 등으로 '葡, 萄, 玻, 璃'와 같이 나누면, 본래의 뜻과 관련된 어떤 의미를 가지지 못하므로 형태소가 되지 않는다. 다음절 형태소는 주로 음역한 외래어(예 : 吉普, 凡士林, 奥林匹克 등)이다. 일반적으로 둘 또는 둘 이상으로 구성된 연면어, 외래어, 의성어는 최소의 문법 단위로서 의미를 더 이상 분석할 수 없는 형태소이다. 즉, 형태소를 더 이상 잘게 쪼개면 의미를 읽어 버리게 된다.

중국어는 한자로 표기하기 때문에 인도유럽어처럼 띄어쓰기가 없다. 음운적 특성에 따라 하나의 형태소가 여러 개의 한자로 구성된 경우도 있어 형태소를 구분하기 어렵다. 형태소와 비형태소의 표시가 없어 한자의 형음의(形音义)에서 복잡한 관계가 형성된다. 그 관계를 보면 다음 표와 같다.

<table>
<tr><th>예</th><th>단어</th><th colspan="2">음절</th><th colspan="2">자의</th><th>자형</th><th>형태소</th><th>관계</th></tr>
<tr><td>我</td><td>1</td><td colspan="2">同</td><td colspan="2">同</td><td>同</td><td>1</td><td></td></tr>
<tr><td rowspan="2">白</td><td rowspan="2">1</td><td colspan="2" rowspan="2">同</td><td rowspan="2">异</td><td>雪白</td><td rowspan="2">同</td><td rowspan="2">2</td><td rowspan="2">다의어</td></tr>
<tr><td>表白</td></tr>
<tr><td>公</td><td rowspan="2">2</td><td colspan="2" rowspan="2">同</td><td colspan="2" rowspan="2">异</td><td rowspan="2">异</td><td rowspan="2">2</td><td rowspan="2">동음어</td></tr>
<tr><td>工</td></tr>
<tr><td rowspan="2">血</td><td rowspan="2">1</td><td rowspan="2">异</td><td>xuè</td><td colspan="2" rowspan="2">同</td><td rowspan="2">同</td><td rowspan="2">1</td><td rowspan="2">다음어</td></tr>
<tr><td>xiě</td></tr>
<tr><td>称</td><td>1</td><td colspan="2">异</td><td colspan="2">异</td><td>同</td><td>2</td><td>다음다의어</td></tr>
<tr><td>行</td><td rowspan="2">2</td><td colspan="2" rowspan="2">异</td><td colspan="2" rowspan="2">同</td><td rowspan="2">异</td><td rowspan="2">2</td><td rowspan="2">동의어</td></tr>
<tr><td>走</td></tr>
</table>

01 형태소의 분류

중국어의 형태소는 서로 다른 세 가지 기준에 따라 하위부류로 나누어진다.

첫째, 형태소의 음절수에 근거하여 단음절 형태소와 다음절 형태소, 둘째, 造语활동 능력에 따라 자유형태소와, 반자유형태소, 부자유형태소, 셋째, 형태소의 실질 의미(어휘 의미)의 존재 여부에 따라 나눌 수 있다. 그 자체에 실질적인 어휘 의미를 지니는 실질형태소(어휘형태소)와 그 자체의 어휘 의미는 없이 실질형태소에 붙어서 문법적 관계나 기능만을 나타내는 형식형태소(문법형태소)로 나누어진다.

1) 음절 형식

(1) 단음절 형태소

羊 文 跑 生 安 坚 -- 어휘 형태소
了 吗 老 第 子 们 -- 문법 형태소

(2) 다음절 형태소

① 연면어(连绵语) : 습관적으로 두 개의 음절이 연철(连缀)되어 하나의 뜻을 표현하는 것으로 분리되어서는 의미를 갖지 못하는 단어를 가리킨다. 다음 네 종류가 있다.

* 声母가 같은 双声의 경우
  彷仏 비슷하다　伶俐 영리하다　参差 일정하지 못하다
* 韵母가 같은 叠韵의 경우
  从容 조용하다　灿烂 찬란하다　彷徨 방황하다
* 双声도 叠韵도 아닌 경우
  芙蓉 연꽃　蝴蝶 나비
* 동일의 글자를 잇달아 쓴 重叠의 경우
  匆匆 매우 급한 모양　津津 흥미 지진한 모양

② 의성어・의태어 : 소리 또는 모습을 나타내는 단어이다.

知了 매미 울음소리　丁当 땡그랑　哗啦 뚝뚝　轰隆 쿵쿵

③ 음역어 : 외래어를 중국어로 표기할 때 소리만 본떠 만든 단어이다.

古代西域 : 葡萄 포도　琉璃 유리　石榴 석류　琵琶 비파
印度仏教 : 菩萨 보살　罗汉 나한　和尚 승려　塔 탑
蒙古语 : 蘑菇 버섯　站 역
英语 : 沙发 소파　扑克 카드　坦克 탱크　咖啡 커피　尼龙 나일론
俄语 : 苏维埃(cobet) 소비에트　伏特加 보드카
法语 : 沙龙 살롱　蒙太奇 몽타주

2) 조어 형식

(1) 자유형태소

자유형태소는 단독으로 단어가 될 수 있으며, 다른 형태소와 결합하여 합성어를 만들어 앞・뒤에 자유롭게 놓일 수 있다.

예를 들어 "水"는 그 자체로 현대 중국어에서 단어의 기능을 하면서도, 다른 형태소와 결합하여 "水产, 水平, 湖水, 泉水, "와 같은 많은 단어를 형성하게 된다.

人民 인민　工人 노동자　脚印 발자국　脚尖 발끝　脚气 무좀
走兽 짐승　走廊 복도　走访 방문하다　走漏 비밀을 누설하다
走失 행방불명되다　爱好 취미 爱情 애정

(2) 반자유형태소

반자유형태소는 단독으로 단어가 될 수 없으나, 다른 형태소와 결합하여 자유롭게 합성어를 만들 수 있다.

"语"는 단독으로 사용되어 현대 중국어의 한 단어로 존재할 수 없지만, "语言, 语音, 语法, 语文" 등과 같은 단어와 "汉语, 口语, 母语," 등과 같은 단어를 구성할 수 있다. 즉 "语"는 다른 형태소와 결합되어 단어를 이룰 수 있으며, 이 때 위치가 앞과 뒤 모두 가능하다는 것을 알 수 있다. 이러한 유형의 형태소를 반자립 형태소라 부른다.

耳朵 귀　鼻子 코　金子 금　氧气 산소　老虎 호랑이
叶子 잎　电讯 전보　摄影 촬영　知觉 지각　言语 언어

(3) 부자유형태소

부자유형태소는 단독으로 단어가 될 수 없고, 반드시 다른 형태소와 결합하여 합성어를 구성할 수 있다. 다른 형태소와 결합하여 단어를 만들 때도 그 위치가 반드시 정해져 있다. 이를 의존 형태소라고도 하는데, 항상 다른 형태소에 의존하여 쓰이는 형태소이다.

教师 교사　律师 변호사　护师 간호사　主观 주관　客观 객관
乐观 낙관　观察 관찰　教员 교사 店员 점원

3) 의미 및 위치

(1) 실질형태소(어휘형태소)

그 자체 충분한 의미를 지니며 새로운 어휘를 만들 수 있는 형태소를 말한다. 형태소와 형태소가 결합되어 단어를 만들거나 복합어를 구성할 때 어근으로 작용한다.

父 人 山 马 民 北 -- 명사성 형태소
立 出 想 要 行 吃 -- 동사성 형태소
高 底 大 小 方 红 -- 형용사성 형태소

(2) 형식형태소(문법형태소)

그 자체에 실질적인 의미가 없으면서, 어휘 형태소에 결합되어 말과 말 사이의 관계를 형식적으로 표시하는 형태소를 말한다. 형식형태소의 특징은 다른 형태소와 결합될 때 그 위치가 고정적이다. 또한 형식형태소는 단독으로 단어를 이루지 못하고 항상 다른 어휘 형태소와 결합되어야만 단어가 된다.

① 접사 : -们 -儿 -子 -得- 老-
② 어기조사 : 啊 吗 的 了
③ 구조조사 : 的 得 地
④ 동태조사 : 了 着 过
⑤ 부사 · 전치사 · 접속사 : 已 就 把 在 越 而 但

제2절

단 어

단어는 형태소로 구성된 언어 단위로 독립적으로 운용할 수 있는 의미가 있는 최소의 단위이다. 모든 단어는 형태소에 의해서 구성된 것이다. 자유형태소는 단독으로 단어를 구성할 수 있으며 단어이다. 예를 들면 "你", "吃", "葡萄" 등은 자유형태소이며 단어이다.

대부분의 단음절 단어는 사실상 자유형태소와 동일한 형식이다. 단어와 형태소의 구별은 단어는 자유롭게 활동을 할 수 있으나, 형태소는 자유롭게 활동을 할 수 없다. 부자유 형태소는 반드시 다른 형태소와 함께 결합하여야만 자유롭게 활동을 할 수 있다. 예를 들면 "民","机", "习" 등은 의미를 가지고 있으나, 중국어에서는 다른 형태소와 결합해야만 ("人民", "收割机", "学习") 자유롭게 활동할 수 있는 문법 단위인 단어가 될 수 있다.

"자유롭게 활동한다"는 것은 단독으로 문제에 대답할 수 있다는 의미가 아니다. 중국어의 대다수의 허사(虛词)는 독립성이 부족하여 "们", "吗" 등은 단독으로 대답할 수 없다. 그렇지만 활동능력이 강하고 결합력이 넓어 단어, 구, 문장과 결합할 수 있다.

예를 들면

学生们　老师们　学生和老师们　兄弟姐妹们
吃吗　　葡萄吗　吃葡萄吗　　你们吃葡萄吗?

여기에서 "们"과 "吗"는 단어를 구성하는 성분은 아니지만, 문법상의 기능을 가지고 있다. 문법상의 기능을 가지고 있으며, 자유롭게 어떤 문법 단위와 결합할 수 있는 최소의 형식이 바로 단어이다. 단어의 내부구조는 일정한 규칙에 따라 형성된다.

단어는 음절 형식에 따라 단음절어, 이음절어, 다음절어로 나눌 수 있고, 의미에 따라 실사(명사, 동사, 형용사, 수사, 양사, 대명사)와 허사(부사, 전치사, 조사, 감탄사, 의성사)로 나눌 수 있으며 구성 형식에 따라 단순어와 합성어로 나눌 수 있다.

01 단어의 내부구조

전통적으로 문법은 통사론(syntax)과 형태론(morphology)으로 나뉜다. 두 분야 모두 단어를 바탕으로 하고 있다. 통사론은 문장성분의 조합에 나타나는 규칙을 가리킨다. 형태론은 단어가 형성되는 다양한 방법의 내부구조와 형성규칙을 가리킨다. 홀로 단어가 될 수도 있고 되지 못할 수도 있는 기본단위, 즉 형태소에서 어떻게 단어가 형성되었는지 다루는 분야이다.

단어가 형성되는 내부구조는 형태론과 관계가 있다. 언어에서 최소의 의미단위인 형태소로 단어의 내부구조를 설명할 수 있다. 하나의 형태소인 단음절 단어는 결합방식이 음운론적 분석만 할 수 있지만, 두 개 이상의 형태소로 구성된 합성어는 내부구조가 다양하다.

1) 단순어

중국어의 단어는 구조에 있어서 단순어와 합성어의 두 종류로 나눌 수 있다. 하나의 형태소로 구성된 단어를 단순어라고 한다. 단순어는 단음절일 수도 있고, 이음절일 수도 있다. 이음절로 된 단순어는 다음과 같다.

(1) 두 개의 음절이 완전히 같은 것

爸爸 아빠　妈妈 엄마　茫茫 아득하다　滔滔 물이 출렁이다

(2) 연면어(连绵语)

① 두 음절의 성모가 같은 것(双声)

彷佛 마치~인듯하다　伶俐 영리하다　参差 가지런하지 못하다

② 두 음절의 운모가 같은 것(叠韵)

骆驼 낙타　糊涂 어리둥절하다　唠叨 잔소리하다

③ 두 음절이 완전히 다른 것(非双声叠韵)

马虎 소홀하다　玻璃 유리　葡萄 포도　垃圾 쓰레기

④ 세 음절 이상의 것(音译语)

法西斯 파시스트　奥林匹克 올림픽

2) 합성어

합성어는 두 개 이상의 형태소로 구성된 것이다. 형태소 사이의 관계에서 볼 때 다음의 몇 가지 구성 방식이 있다.

통사법의 결합 방식과 같다. 중국어 합성어의 결합 방식은 연합식(联合式), 수식식(偏正式), 술목식(述目式), 보충식(述补式), 주술식(主述式), 부가식(附加式), 중첩식(重叠式) 등 7 가지로 나눌 수 있다. 그중 연합식, 수식식과 부가식 합성어가 가장 많다.

(1) 연합식(联合式) 뜻이 비슷하거나 반대되는 형태소들이 연합관계로 구성한다.

연합식 합성어는 명사형태소, 동사형태소, 형용사형태소가 결합하여 만들어진 합성어이다. ①류는 두 개의 뜻이 서로 같거나 비슷한 형태소로 구성된 것이다.

① 人民 인민　停止 정지　奇怪 이상하다

②류는 뜻이 서로 반대 혹은 상대의 형태소로 구성된 것이다.

② 东西 물건　开关 스위치　大小 크기

단어의 의미를 보면, ①류는 두 개 형태소의 뜻을 그대로 보존하고 있으며, ②류는 두 개 형태소의 본뜻에서 파생되었다.

(2) 주술식(主述式) 앞의 형태소가 사물을 가리키고, 뒤의 형태소는 상태, 동작을 표시한다.

① 명사형태소 + 동사형태소

地震 지진　　日出 일출　　民主 민주적이다

② 명사형태소 + 형용사형태소

心疼 마음이 아프다　　眼红 격분하다　　眼热 부러워하다

(3) 수식식(偏正式) 앞의 형태소가 뒤의 형태소를 수식 또는 한정하는 방식이다.

① 명사형태소 + 명사형태소

鸡蛋 계란　粉笔 분필　书架 책꽂이

② 형용사형태소 + 명사형태소

温泉 온천　红旗 홍기　高粱 수수

③ 형용사형태소 + 동사형태소

迟到 지각하다　热爱 열애하다　静坐 정좌하다

④ 동사형태소 + 명사형태소

抹布 행주　睡衣 잠옷　拖鞋 슬리퍼

⑤ 명사형태소 + 형용사형태소

冰凉 매우 차다　火热 치열하다　枯黄 누렇다

(4) 보충식(补充式) 뒤의 형태소가 앞의 형태소의 뜻을 보충해서 설명하는 방식이다.

① 동사형태소 + 동사형태소

打倒 타도하다　揭穿 폭로하다　煽动 선동하다　扭转 돌리다

② 동사형태소 + 형용사형태소

放大 확대하다　减少 감소하다　抓紧 꽉 쥐다　注重 중시하다

(5) 술목식(述目式) 앞의 형태소는 동작 행위를 가리키고, 뒤의 형태소는 동작 행위의 지배 대상이다.

① 동사형태소 + 명사형태소

留心 주의하다　放心 안심하다　照常 평소대로 하다

② 형용사형태소 + 명사형태소

满意 만족하다　热心 열심이다

(6) 부가식(附加式)

형태소에 근거하여 단어를 어근, 접두사와 접미사로 나눌 수 있다. 단어의 기본 의미를 구현하는 형태소를 어근이라 부른다. 어근의 앞에 교착하여, 어떤 종류의 부가의미를 표시하는 형태소를 접두사라 하며, 어근의 뒤에 교착하여, 어떤 종류의 부가 의미를 표시하는 형태소를 접미사라 한다. 접두사 혹은 접미사를 어근에서 교착한 구성 방식을 부가식이라 부른다. 부가식 합성어는 아래의 두 종류가 있다.

① 접두사 + 어근

중국어의 접두사는 오직 "弟, 老, 初"등 소수가 있다.

第 —— 第一　第二 (第는 수사 앞에서 서수 표시)
老 —— 老大　老二 (형제의 순서)
　　　老张　老李 (친숙한 사람에 대한 칭호)
　　　老乡　老婆　老师　老弟
初 —— 初一　初二　初十 (중국 음력의 매달 앞 10일을 표시)
　　　初春　初雪　初稿　初变

② 어근 + 접미사

중국어의 접미사 대부분 경성으로 읽고, 광범위하게 쓰이는 접미사는 "儿 ,子, 头"이다.

儿 —— 根儿　字儿　画儿　包儿　这儿　那儿　老头儿　小孩儿
子 —— 卓子　椅子　胖子　个子　条子　剪子　刷子　傻子
头 —— 石头　木头　前头　后头　苦头　甜头　看头　吃头

"儿, 子, 头"은 중국어에서 음절의 형태소를 이루지 못하고, 형태소 뒤에 붙어서 단어를 만드는 역할을 하고 있다.

이 밖에 중국어의 접미사는 또 "者, 然, 于, 家, 手, 员, 性, 观, 论, 化" 등이 있다. 그러나 허사화의 정도는 "儿, 子, 头"보다 높지 못하다. 예를 들면

者 — 作者　读者　记者　革命者 (개인 또는 사물의 명사)
然 — 忽然　当然　果然　公然　自然　虽然 (부사, 형용사, 접속사)
家 — 画家　作家　科学家　文学家　军事家　政治家 (전문가)
手 — 歌手　旗手　选手　能手 (기술 또는 일하는 사람)
员 — 教员　演员　海员　服务员　司令员　飞行员 (직업)
性 — 人性　弹性　斗争性　积极性　可能性　必然性 (추상명사)
观 — 主观　客观　乐观　悲观　人生观　宇宙观 (사물에 대한 지식 또는 방법)
论 — 唯心论　唯物论　相对论　方法论　多元论 (학설)
化 — 美化　同化　现代化　自动化　人格化 (변화)

또 한 종류의 부가식은 명사형태소, 동사형태소 뒤에 첩음이 끝에 붙어서 형용사를 만드는 것과 형용사의 뒤에 첩음이 붙어 형용사를 생동감 있게 하는 효과가 있다.

眼巴巴 기다리는 모양　水汪汪 초롱초롱하다　气冲冲 노기등등하다
笑嘻嘻 희희거리다　闹哄哄 떠들썩하다　热乎乎 뜨겁다　白花花 새하얗다
酸溜溜 시큼하다　绿油油 짙푸르다　黑沉沉 어둡다

(7) 중첩식(重叠式)

중첩의 결합방식은 형태소가 반복하여 새로운 단어를 만드는 것이다. 동사의 중첩은 '좀, 조금'이라는 의미를 갖지만 중첩된 단어와는 구별된다.

① 명사 : 蛛蛛 거미　哥哥 형　乖乖 귀염둥이　星星 별　本本 책
② 형용사 : 悠悠 느긋하다　蒙蒙 부슬부슬 내리다　冉冉 천천히
　娓娓 흥미진진하다
③ 부사 : 往往 자주　统统 전부　整整 꼬박　偏偏 일부러　渐渐 점차

기타 형태소의 중첩은 동물의 명칭, 친족의 칭호, 아이에 관한 애칭, 물건의 명칭 등을 나타낸다.

3) 약칭과 축약어.

(1) 약칭과 축소

약칭이란, 사물의 명칭 또는 고정 단어 결합을 간단화한 호칭이다. 표현상 비교적 간편하지만, 제멋대로 만들거나 남용해서는 안 된다. 정식 공문서는 정중함을 나타내기 위하여 전칭을 사용함이 적합하다.

人大(人民代表大会) 인민대표대회　安理会(联合国安全理事会) 유엔안정보장이사회
归侨 (归国华侨) 귀국교포　外长(外交部长) 외교부장
化工 (化学工业) 화학공업　化肥 (化学肥料) 화학비료
增产 (增加产量) 증가산량　整风 (整顿作风) 정돈작풍
外贸 (对外贸易) 대외무역　外资 (外国资本) 외국자본
文教 (文化教育) 문화교육　科技 (科学技术) 과학기술

(2) 수사축약어

수자로써 공통성질을 가지고 있는 몇 가지 사물이나 행위를 개괄한다.

身体好・学习好・工作好 → 三好 모범학생

工业现代化・农业现代化・国防现代化・科学技术现代化→ 四化 4대 현대화

일부 약칭 및 수사 단어 결합은 사람들의 오랜 사용을 통하여 이미 고정되었으며, 점차 새로운 단어로 변해간다.

高中 고등학교 教研室 연구실 五官 오관

02 단어의 외부 기능

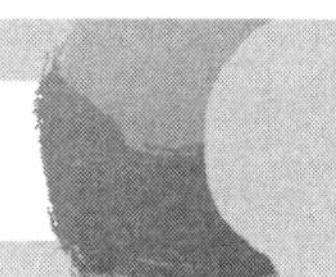

언어의 중심에는 단어가 있다. 단어의 의미에 따라 어떤 항목을 어떤 형식으로 묶거나 분류한다. 전통적으로 내용어와 형식어로 분류할 수 있다. 내용어를 실사, 어휘적 단어로, 형식어를 허사, 문법적 단어, 기능어라 부른다. 실사는 문맥이 없을 때도 실질적인 의미를 지닌 단어이고, 허사는 독자적인 의미가 없고 문법적인 역할을 하는 단어이다. 문장을 구성하는 수많은 단어들은 각기 다른 문법적 기능을 가지고 있다. 문법기능에 의해서 구분한 단어의 분류가 품사이다.

중국어 품사는 단어의 문법기능과 어휘의 의미에 근거하여 분류한다. 어휘적 의미는 단어의 의미를 문법적 특성에 따라 개괄한 것이다. 看, 吃, 跑 등은 구체적인 의미가 있고, 동작, 행위의 공통성이 있기 때문에 동사로 분류한다.

문법적 기능이란 결합 능력과 문장 성분이 되는 능력이다. 모든 단어는 단어의 의미가 다를 뿐만 아니라, 결합관계 및 구성기능도 다르다. 어떤 단어들은 A와 결합하고 어떤 단어들은 B와 결합하고 어떤 단어들은 C와 결합한다. 예를 들어 '认真'은 상태를 표현하여 동작행위를 나타내는 동사와 결합하여 '认真学习, 认真研究'와 같이 사용할 수 있다. 그러나 '认真安静, 认真温和'처럼 상태를 표시하는 단어와는 결합할 수 없다.

문법기능에 따라 실사와 허사로 나눈다. 실질적인 어휘의 의미를 갖추고 있는 실사는 문장성분이 될 수 있는 단어이다. 문장성분이 되는 능력은 한 단어가 문장에서 독립적으로 담당하는 역할이다. 문장에서 주어, 술어, 목적어, 관형어, 부사어, 보어 등이 될 수 있다. 일반적으로 주어나 목적어가 되는 것 명사이고, 술어가 되는 것은 동사나 형용사이며, 부사어가 되는 것은 부사, 관형어가 되는 것은 형용사 등이다. 하지만 중국어의 품사

분류가 명확하지 않아 두 가지 이상의 품사로 분류되는 경우도 많다. 실사는 구체적이고 실제적인 의미를 가지고 있다. 객관적인 현실에 나타난 현상과 관계가 밀접하다. 허사는 문장성분이 될 수 없는 단어이다. 주로 실사 사이에서 여러 가지 문법의미와 어기, 감정 등 문법관계를 나타낸다.

실사는 명사, 동사, 형용사, 수사, 양사, 대명사, 부사로 나눌 수 있다. 허사는 전치사, 접속사, 조사, 상성사, 감탄사로 나눌 수 있다. 실사와 허사는 다음과 같이 분류할 수 있다.

1) 실사(实词) : 실질적인 개념 표현

명사(名词) : 사람과 사물의 명칭, 방위, 장소, 시간 등을 표시.
동사(动词) : 구체적인 동작이나 행위, 심리활동, 방향, 판단, 존재 등을 표시.
형용사(形容词) : 사람이나 사물의 성질, 동작이나 행위의 상태 등을 표시.
수사(数词) : 기수, 서수, 어림수로 나뉘며, 숫자를 표시.
양사(量词) : 사물, 동작의 양과 시간을 표시.
대명사(代名词) : 문장에서 기타 언어를 대신하는 단어.
부사(副词) : 정도, 상황, 시간, 범위, 빈도, 긍정, 부정, 어기 등을 표시.

2) 허사(虚词) : 문법적인 관계 표현

전치사(介词) : 명사나 대명사 앞에서 시간, 장소, 수단, 원인, 목적, 방식, 대상 등을 표시.
접속사(连词) : 단어, 구 혹은 절을 연결하여 논리관계를 표시.
조사(助词) : 실사나 구 사이 혹은 문미에 놓여 문법적인 관계나 어기를 표시.
의성사(拟声词): 사람, 사물의 소리를 묘사하는 단어.
감탄사(感叹词) : 감탄의 의미를 나타내는 단어.

제3장

품 사

기초 다지기

현대 중국어 문법

제1절

실 사

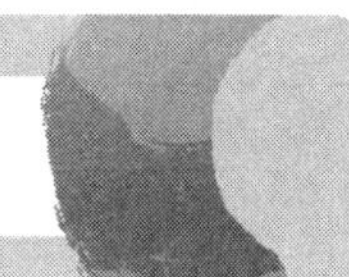

01 名词

명사는 사람이나 사물, 장소, 시간 등을 표시하는 단어이다.

1) 명사의 종류

(1) 고유명사 中国 중국 首尔 서울 孔子 공자 西湖 서호

(2) 보통명사

① 사람을 표시 农民 농민 사람 妈妈 어머니 学生 학생 工程师 기술자

② 사물을 표시 课本 교과서 树 나무 酒杯 술잔 家 집

(3) 추상명사 思想 사상 政策 정책 风格 풍격 成就 성과 理论 이론

(4) 시간명사 今年 금년 明年 내년 去年 작년 今天 오늘 三月 삼월

(5) 장소명사 学校 학교 门口 입구 车站 정거장 城市 시내 乡下 시골

(6) 방위명사 방향과 위치를 나타내는 품사이다.

① 단순방위명사 上, 前 등과 같이 단음절로 구성된다.

② 합성방위명사 以, 之, 头, 面, 边 등이 결합하여 이음절로 구성된다.

<table>
<tr><th>单音</th><th colspan="6">合成</th></tr>
<tr><td>上</td><td>以上</td><td>之上</td><td>上边</td><td>上面</td><td>上头</td><td rowspan="2">上下</td></tr>
<tr><td>下</td><td>以下</td><td>之下</td><td>下边</td><td>下面</td><td>下头</td></tr>
<tr><td>前</td><td>以前</td><td>之前</td><td>前边</td><td>前面</td><td>前头</td><td rowspan="2">前後</td></tr>
<tr><td>後</td><td>以後</td><td>之後</td><td>後边</td><td>後面</td><td>後头</td></tr>
<tr><td>左</td><td></td><td></td><td>左边</td><td>左面</td><td></td><td rowspan="2">左右</td></tr>
<tr><td>右</td><td></td><td></td><td>右边</td><td>右面</td><td></td></tr>
<tr><td>里</td><td></td><td></td><td>里边</td><td>里面</td><td>里头</td><td rowspan="2">里外</td></tr>
<tr><td>外</td><td>以外之外</td><td></td><td>外边</td><td>外面</td><td>外头</td></tr>
<tr><td>中</td><td></td><td>之中</td><td>中央</td><td>当中</td><td></td><td></td></tr>
<tr><td>内</td><td></td><td>之内</td><td>内边</td><td>内面</td><td></td><td>内外</td></tr>
<tr><td>间</td><td></td><td>之间</td><td></td><td></td><td></td><td></td></tr>
<tr><td>东</td><td>以东</td><td></td><td>东边</td><td>东面</td><td>东头</td><td rowspan="2">东西</td></tr>
<tr><td>西</td><td>以西</td><td></td><td>西边</td><td>西面</td><td>西头</td></tr>
<tr><td>南</td><td>以南</td><td></td><td>南边</td><td>南面</td><td>南头</td><td rowspan="2">南北</td></tr>
<tr><td>北</td><td>以北</td><td></td><td>北边</td><td>北面</td><td>北头</td></tr>
<tr><td>旁</td><td></td><td></td><td>旁边</td><td></td><td></td><td></td></tr>
</table>

2) 명사의 특징

(1) 명사는 수량구의 수식을 받을 수 있으나, 직접 수사와 결합할 수는 없다.

一个人 한 사람　三本杂纸 잡지 세 권　一辆汽车 자동차 한 대

(2) 일반적으로 不, 也, 都, 很, 已经 등 부사의 수식을 받을 수 없다. 부사의 수식을 받을 수 있는 것은 일부 추상명사, 시간명사와 장소명사이다.

不人*　不专家*　很书*　最老师*
不人不鬼 사람도 귀신도 아니다　已经春天了. 이미 봄이 되었다.
最里面 가장 안쪽에

(3) 명사는 일반적으로 중첩할 수 없으나, 소수의 시간, 사람, 사물을 나타내는 단음절 명사는 중첩하여 "각각"의 뜻을 나타낼 수 있으며, 주어나 부사어로 쓰인다.

人人 사람마다　天天 날마다　家家 집집마다　年年 해마다

(4) 인칭대명사나 사람을 표시하는 명사는 접미사 "们"을 붙여 복수를 표시할 수 있다.

朋友们 친구들　孩子们 아이들　我们 우리들

(5) 중국어는 형태 표지가 거의 없으나, 일부 명사는 "子, 头, 儿, 员, 生, 者, 家, 性" 등 접두사・접미사의 형태표지가 있다.

阿姨 이모　老板 주인　杯子 컵　石头 돌　花儿 꽃

(6) 명사는 대명사, 형용사, 동사, 구, 다른 명사의 수식을 받을 수 있다.

别人的东西 다른 사람의 물건	대명사
老实人 성실한 사람	형용사
出版日期 출판된 날짜	동사
他写的书 그가 쓴 책	구
自由贸易 자유무역	다른 명사

(7) 전치사와 결합하여 전치사구를 만들 수 있다.

到图书馆 도서관으로　向客人 손님에게

(8) 방위명사는 다른 단어나 구와 결합하여 사용할 수 있으며, 합성방위명사는 단독으로 주어, 목적어, 관형어, 부사어 등으로 사용될 수 있다. 관형어로 사용할 때는 뒤에 구조조사 "的"를 사용해야 한다.

楼里 건물 안　东边有商店. 동쪽에 상점이 있다.
我们的学校在北边. 우리학교는 북쪽에 있다.

3) 명사의 기능

(1) 명사는 주어가 될 수 있다.

北京是中国的首都. 북경은 중국의 수도이다.
今天是教师节. 오늘은 스승의 날이다.

(2) 일반적으로 명사는 단독으로 술어가 될 수 없다. 그러나 시간명사 또는 절기, 본적을 표시하는 명사는 술어가 될 수 있다.

今天星期日. 오늘은 일요일이다.
明天春节. 내일이 설날이다.

(3) 명사는 목적어가 될 수 있다.

昨天我们参观了一个展览会. 어제 우리는 전람회를 구경했다.
他每天自学汉语. 그는 매일 중국어를 혼자 공부한다.

(4) 명사는 관형어가 될 수 있다.

故乡的山水真美丽. 고향의 산천은 정말 아름답다.
我买英文词典. 나는 영어사전을 샀다.

(5) 명사는 일반적으로 부사어가 될 수 없으나, 시간과 장소를 표시하는 명사는 부사어가 될 수 있고 일반명사는 전치사와 결합하여 부사어가 될 수 있다.

你晚上来我家吃饭吧! 너 오늘 우리 집에 와서 저녁을 먹자.
这件事跟你没有一点关系. 이 일은 너와 아무런 관계가 없다.

(6) 명사는 일반적으로 보어가 될 수 없으나 전치사와 결합하여 보어가 될 수 있다.

今天我们讲到这儿. 오늘 우리는 여기까지 강의했다.
我们不能住在宾馆. 우리는 호텔에 묵을 수 없다.

(7) 방위명사가 전성되어, 분야, 범위, 조건, 상황, 과정 등을 표시한다.

原则上 원칙상　心里 마음속　在 ~ 指导下 ~의 지도하에　讲演中 강연 중

02 대명사

명사, 동사, 형용사, 수사, 부사를 대신하여 사용하는 단어를 대명사라 한다. 대명사에는 인칭대명사, 지시대명사, 의문대명사 세 종류가 있다.

1) 종류

(1) 인칭대명사

인칭대명사는 사람이나 사물의 명칭을 대신하는 단어이다.

	단수	복수
1 인칭	我	我们(咱们)
2 인칭	你	你们
3 인칭	他(她)	他们

※ 大家 모두　別人 다른 사람　人家 남　您 你의 존칭 它(它们) 그 그것들　自己 자기

① 我们과 咱们의 구별 : 我们은 듣는 사람을 뺀 나머지 사람을 가리키고, 咱们은 청자와 화자를 모두 포함한다.

② 人家는 복수를 나타내며, 别人(다른 사람)의 의미로 쓰인다.

③ 您은 你의 존칭형이다.

④ 它는 사물을 가리키는 대명사이다.

⑤ 自己는 1인칭, 2인칭, 3인칭으로 쓸 수 있는 재귀대명사이다.

(2) 지시대명사

지시대명사는 사람, 사물, 장소, 시간, 성질, 상태, 동작, 정도 등을 대신하거나 가리키는 단어이다.

	방향	단수	복수
근칭	这 这里	这个	这些(个)
원칭	那 那里	那个	那些(个)
부정칭	哪	哪个	哪些(个)

① 这, 那와 哪는 뒤에 些를 붙여서 복수를 나타낸다.
② 这会儿, 那会儿는 '지금, 현재, 이때, 그때'의 의미로 시간을 나타낸다.

你这会儿到哪儿去. 지금 어디 가니?
去年这会儿我在中国. 작년 이맘 때 나는 중국에 있었다.

③ 这麽, 那麽는 '이렇게. 그렇게'의 의미로 동사, 형용사를 수식하여 방식, 정도를 표현하며 부사어로 쓰인다.

今天怎麽这麽热闹? 오늘 왜 이렇게 시끄럽지?

④ 每와 各은 하나 하나 개별적인 것을 표현한다. 每는 부사 都와 같이 쓰여 '전부'를 표현한다.

每次晚会都来很多人. 저녁파티마다 사람들이 많이 온다. 各门功课 각 과목

⑤ 另外, 旁的, 别的은 '그밖에, 다른'의 의미로 사람, 사물을 가리킨다. 명사나 수량사 앞에 놓인다.

另外的人 그밖의 사람 旁的事情 다른 일 别的人 다른 사람

⑥ 기타 자주 쓰이는 대명사

其他 기타, 다른 一切 모든 것 所有 모든 任何 모든, 어떠한 此 이 本 이 该 이

(3) 의문대명사

의문대명사는 의문을 제기하는 단어이다.

사람	사물	장소	방법	정도	원인	시간	수량
谁	什麽 哪 哪个	哪儿 哪里	怎麽	怎麽样	为什麽	什麽时候	多少 几

① 谁

㉠ 谁, 什麽, 哪儿 등의 의문대명사는 묻는 대상이 주어일 경우에는 의문대명사가 주어의 위치를 차지하며, 의문의 대상이 목적어일 경우에는 의문대명사는 목적어의 위치를 차지하게 된다.

谁是王老师? 누가 왕선생이니?
你们知道他是谁? 너희는 그 사람이 누군지 아니?
刚才谁来找我了? 방금 누가 나를 찾아왔니?
在院子里你没看见谁吗? 너 정원에서 누구 만났니?
今天没有谁给你打电话? 오늘 누가 너에게 전화하지 않았니?

㉡ 也, 都 앞이나 不论, 无论, 不管 뒤에 쓰여 말하는 범위에서 예외가 없음을 나타낸다.

谁也不知道他哪儿去了. 그가 어디 갔는지 아무도 모른다.
不论谁都得遵守制度. 누구든지 모두 제도를 지켜야 한다.

② 什麽

㉠ 무엇, 어떤, 무슨 : 단독으로 쓰여 사물을 묻거나 명사 앞에 형용사처럼 쓰여 사람이나 사물을 묻는다.

这是什麽? 이것이 무엇이니?
什麽是你的理想? 너의 이상이 무엇이니?
什麽人? 어떤 사람이니?
什麽颜色? 무슨 색깔이니?

什麼地方? 어느 곳이니?

㉡ 아무것이나, 무엇이나, 무엇이든지 : 확정적이 아닌 사물을 나타낸다.

我饿了, 想吃点儿什麼. 나는 배가 고파서 무엇이든 좀 먹고 싶다.
没有什麼困难. 어떤 어려움도 없다.

㉢ 무엇이든지, 무엇이나, 아무것도, 그 어떤 것이나 : 也, 都 앞에 쓰여 말하는 범위에서 예외가 없음을 나타낸다. 이때 什麼也는 동사 앞에 온다.

只要认真学, 什麼也都能学会. 열심히 배우기만 하면 무엇이나 배울 수 있다.
他什麼也不怕. 그는 아무것도 두려워하지 않는다.

③ **哪** 어느, 어떤 등 불확정한 사항이나 사물에 대해 의문을 나타낸다.

我是小张, 你是哪位啊? 나는 소장인데, 너는 누구니?
哪件衣服也不合适. 어떤 옷도 맞지 않는다.

④ **哪里** 어느, 어느 곳 등 장소를 물을 때 사용한다.

你住在哪里? 너 어디 살고 있니?
这话你是从哪里听来的? 이 말을 너는 어디에서 들었니?

⑤ **哪个** : 어느(어떤) 등 사람, 사물을 물을 때 사용한다.

你说哪个孩子? 너는 어느 아이를 말하니?
你要哪个? 너 어느 것을 원하니?

⑥ **怎麼** : 명사 앞에 쓰여 상태, 방법을 묻는다.

怎麼个人? 어떤 사람이냐?
怎麼回事? 무슨 일이냐?

⑦ **怎麽样** (= 怎样) : 어떻게 하다. 어떠하다. 어떠하냐? 등 성질 상황 방식을 묻는다.

你身体怎麽样? 너 건강이 어떠니?
怎麽样好? 어떻게 해야 좋지?

⑧ 几. 多少
㉠ '几'는 일반적으로 10미만을 물을 때 쓴다.
㉡ '나이, 월일, 요일, 시간'을 물을 때 쓴다.
㉢ '多少'는 10이상의 큰 수에 쓴다.

到了几个人? 몇 사람이 도착했니?　到了三个人. 세 사람이 도착했다.
星期几? 무슨 요일이니?　星期六. 토요일이다.

2) 대명사의 특징과 기능

(1) 인칭대명사는 다른 품사의 수식을 받지 않으며, 중첩하지 않는다.

* 非常你　* 红我　* 他们他们

(2) 지시대명사, 의문대명사는 주어, 술어, 목적어, 수식어, 보어가 될 수 있다.

这儿就是我的学校. 여기가 바로 우리 학교이다.
你为什麽总那样? 너는 늘 왜 그러니?
我的学校就在这儿. 우리 학교는 바로 여기에 있다.
这儿的学校比较宽. 이곳의 학교는 비교적 넓다.

(3) 인칭대명사는 주어, 목적어, 관형어가 될 수 있다.

他是医生. 그는 의사이다.
昨天我看见了他. 어제 나는 그를 보았다.
他们的家在学校附近. 그들의 집은 학교부근에 있다.

03 动词

동사는 사람이나 사물의 동작, 행위, 심리활동, 변화, 발전 등을 나타내는 단어이다.

1) 동사의 종류

(1) 동작 · 행위 : 사람이나 사물의 움직임을 나타내는 동사.

看, 写, 听, 说, 问, 给, 走, 去, 打, 笑, 站, 谈 등
研究, 提出, 表示, 分析, 保护, 通过, 支持 등

(2) 심리활동 : 심리나 감각을 표현하는 동사의 한 부류이다. 심리동사는 형용사처럼 "很~, 特别~, 真~, 比较~" 등의 정도부사를 붙일 수 있다.

爱, 想, 恨, 希望, 知道, 理解, 担心, 考虑, 羡慕, 害怕

(3) 변화 · 발전 : 서술대상이 동사의 영향으로 인하여 변화 발전함을 표시.

生, 死, 改变, 变化, 变成, 发生, 发展, 增加, 减少, 扩大, 提高 등

(4) 판단 · 소유 · 존재를 표시

是, 有, 在, 存在, 消失

(5) 방향동사 : 방향동사는 "来, 去"와 "上, 下, 进, 出, 回, 过, 开, 起"이 결합하여 "上来, 上去, 下来, 进来, 进去, 出来, 出去, 过来, 过去, 回来, 回去, 开来, 开去, 起来" 등을 만들 수 있다. 이러한 단어는 모두 동사의 기본특징을 갖추고 있다. 술어를 만드는 것을 제외하고 다른 동사 뒤에 붙어서 방향을 표시한다.

上, 下, 进, 出, 起, 过, 回, 来, 去, 出来, 起来 , 过来, 回去

(6) 시종동사 : 동작의 시작, 지속, 완료를 표시.

开始, 进行, 継续, 停止

(7) 이합동사

중국어의 结婚은 结과 婚으로 분리할 수 있다. 이 단어의 구조는 동사와 목적어로 결합되어 있다. 이러한 이음절 동사를 이합동사라고 한다.

邦忙 바쁘다 保险 毕业 졸업하다 吵架 다투다 吃惊 놀라다 吃亏 손해보다
出差 출장가다 存款 저금하다 打架 싸우다 倒车 환승하다 排队 줄서다
请客 한턱내다 生气 화내다 随便 마음대로 하다 投资 투자하다
洗澡 목욕하다 游泳 수영하다 着急 조급해하다

帮别人的忙. 다른 사람을 돕다.
他毕了业就去当兵. 그는 졸업을 하자마자 군대에 갔다.
散了一会儿步. 잠시 산책을 했다.
上一节课. 수업을 한 시간 하다.

2) 동사의 특징

(1) 동사의 중첩

단음절 동사의 중첩형식은 AA이며, 이음절 동사의 중첩형식은 ABAB이다. 중첩 후에는 의미의 변화가 생긴다.

단음절 동사의 중첩형식은 AA, A一A이며, 이음절 동사의 중첩형식은 ABAB이다.

중국어의 일부 동사는 중첩하여 사용할 수 있으며, 문장에서 동사의 의미 이외에 짧은 시간의 동작, 가벼운 시도를 표시하는 부가 의미를 가지고 있다.

	단어	중첩형	완료형
단음절 동사	A	AA 또는 A一A	A了A
	看	看看/看一看	看了看
이음절 동사	AB	ABAB	AB了AB
	学习	学习学习	学习了学习

① '잠시~하다'라는 가벼운 동작, 행위의 시간이 짧음을 나타낸다.

他看问题就知道了. 그는 문제를 보자마자 바로 알았다.
你想想这个问题的解决方法. 이 문제의 해결방법 좀 생각해봐.

② 시도, 시험을 나타낸다.

饭做好了, 你尝尝. 밥 다 되었으니 맛 좀 봐!
这件衣服怎麽样? 你试试. 이 옷 어때? 한 번 입어봐!

③ 단음절 동사의 중첩 방식은 '看一看, 想了想'와 같이 중간에 '了'나 '一'를 넣거나, '听了一听'와 같이 '一'과 '了'를 모두 사이에 넣을 수 있다, 이미 실현된 동작, 행위가 완성, 실현되었음을 나타낸다.

④ 이합동사 : '동사 + 목적어'로 구성된 이합동사는 '见见面, 散散步'와 같이 동사만 중첩할 수 있다.

⑤ 중첩할 수 없는 동사

㉠ 존재・판단・소유 : 在 是 有
㉡ 심리활동 : 爱 怕 喜欢 明白 觉得 羡慕
㉢ 방향 : 来 去 出 进 起 过 起来 进来
㉣ 발전・변화 : 生 发展 开始

(2) 동사 앞에 부사・대명사・수량사・시간명사, 조동사의 수식을 받을 수 있다.

这种菜怎麽吃呢? 이 요리는 어떻게 먹지?
他是第一次来吗? 그는 처음 오니?
我们上星期一上课了 우리는 지난주 월요일 수업을 했다.
他可以做菜. 그는 요리를 할 수 있다.

(3) 대부분의 동사는 명사나 대명사를 목적어를 가질 수 있으며, 동사, 형용사, 문장 등

을 목적어로 가질 수 있다. 단, 이합동사는 동목구조를 이루기 때문에 목적어를 가질 수 없다.

我同意他的意见. 나는 그의 의견에 동의한다.
我们开始上课. 우리는 수업을 시작한다.
* 我想见面他.(×) → 我想见他的面.(○) 나는 그 사람이 보고 싶다.

(4) 동사 뒤에 동태조사 '了, 着, 过'를 붙여 과거나 동작의 완료, 진행, 경험을 나타낸다.

他写了一封信. 그는 편지를 한 통 썼다.
他在我前边坐着. 그는 내 앞에 앉아 있다.
他去过三次. 그는 세 번 간적이 있다.

(5) 동사 뒤에 정도보어, 결과보어, 방향보어, 가능보어 등을 취할 수 있다.

他起得很早. 그는 일찍 일어난다.
他从屋里跑出来了. 그는 집안에서 뛰어나왔다.
我听懂了他的话. 나는 그의 말을 알아들었다.
我走不动了, 坐车去吧. 걸을 수 없으니 차를 타고 가야겠다.

(6) 부정형식은 '不看, 不同意, 他没有走'와 같이 동사 앞에 부정부사 不, 没有를 붙여 만든다. 不는 일반적으로 현재에 대한 부정의 의미를 나타내고, 没有는 동작, 행위의 완료에 대한 부정의 의미를 나타낸다. 대다수는 "很"의 수식을 받지 않는다.

(7) 긍정과 부정의 형식으로 '去不去?. 休息不休息?'와 같이 정반의문문을 만들 수 있다.

(8) 시종을 나타내는 동사는 정도부사의 수식을 받지 못하며, 중첩할 수 없다. 또한 시종동사는 동태조사 了와 어울려 쓸 수 있지만, 일반적으로 '着, 过'와 같이 쓰이지 않는다.

我们对这两个方案进行了比较. 우리는 이 두 가지 방안에 대해 비교해 봤다.

3) 동사의 기능

(1) 술어

我骑自行车. 나는 자전거를 탄다.
他晚上六点钟出发了. 그는 저녁 6시에 출발했다.

(2) 주어

分析很重要. 분석은 매우 중요하다.
工作不是容易的事情. 일은 쉬운 일이 아니다.

(3) 목적어

他喜欢游泳. 그는 수영을 좋아한다.
我们进行了认真的讨论.우리는 열심히 토론을 했다.

(4) 부사어

来回地散步. 돌아오면서 산보를 했다.
他注意地听着. 그는 주의 깊게 듣고 있다.

(5) 관형어

提的意见很正确. 제시한 의견은 매우 정확하다.
一年级的教室很乾净. 1학년 교실은 매우 깨끗하다.

(6) 보어

我们做不完. 우리는 다 만들 수 없다.
我看得见. 나는 볼 수 있다.

4) 특수 동사의 용법

(1) 동사 是

① 주어(사람, 사물)의 속성, 특징을 판단, 설명하는 기능을 한다.

他是伟大的科学家. 그는 위대한 과학자이다.
他来中国的目的是学习汉语. 그가 중국에 온 목적은 중국어를 배우는 것이다.

② 존재를 표시한다. 이때 주어는 방위명사나 처소명사, 방위구이다.(장소 + 是 + 명사)

火车站前面是一个宽阔的广场. 기차역 앞은 넓은 광장이다.

③ 是는 뒤에 동태조사 着, 过, 了를 붙일 수 없다. 만일 과거의 상황을 나타내려면, 동사 앞에 시간을 나타내는 단어를 붙인다.

这所房子以前是他的. 이 방은 전에 그의 방이었다.

④ 부정 형식은 不是이고, 의문 형식은 是~吗? 是不是~? 是~不(是)?이다.

⑤ 是는 중첩할 수 없다.

(2) 동사 有

① 소유, 존재, 사물의 열거, 수량의 도달, 화자의 짐작 등을 나타내고 겸어문을 구성한다.

长城的历史有两千多年了. 만리장성의 역사는 2천년 정도 되었다.
昨天有个同学来看我. 어제 친구가 나를 찾아 왔다.

② 새로운 상황의 발생, 출현을 나타낸다. 이때 有 뒤에는 변화를 표시하는 了가 붙는다.

最近, 他的汉语有了明显的进步. 최근 그의 중국어는 훨씬 발전하였다.

③ 비교를 표시한다.

他的水平没有你那麽高. 그의 수준은 너 만큼 높지 않다.

(3) 동사 在

부사, 전치사 이외에 동사로 쓰인다. 동사 在는 사람이나 사물이 존재하는 장소・위치를 나타낸다.

博物馆在什麼地方? 박물관은 어디에 있니?

04 조동사

조동사는 동사나 형용사 앞에 놓여 능력(能力)이나 희망(愿望), 당위, 가능, 필요, 허가 등의 의미를 표시한다. 동사처럼 중첩할 수 없으며, 일부의 상황이외에 조동사는 不로써만 부정할 수 있다.

1) 조동사의 종류

(1) 가능성 : 可能, 会, 能够, 能, 可以

(2) 능력, 가능 : 能, 能够, 会

(3) 필요 : 应该, 该, 要, 得

(4) 희망 : 要, 想, 愿意, 肯, 敢

要 ~하고 싶다. ~해야 한다　想 ~하고 싶다
能 ~할 수 있다　该 ~해야 한다
可以 ~해도 된다　会 ~할 줄 안다
可能 ~할 수 있다　应当 당연히 ~해야 한다

能够 충분히 ~할 수 있다　应该 마땅히 ~해야 한다
敢 감히 ~하다　肯 기꺼이 ~ 하려고 하다
得 ~해야 한다　愿意 ~하길 바라다

2) 조동사의 특징

(1) 동사, 형용사를 수식한다.

我可以进来吗? 내가 들어가도 되니?
你不应该骗朋友. 너는 친구를 속여서는 안 된다.

(2) 부정형식은 조동사 앞에 부정부사 不를 놓는다.

现在我什么都不想吃, 只想睡. 지금 나는 아무것도 먹고 싶지 않다.
단지 잠을 자고 싶다.

(3) 긍정 부정으로 의문문을 만들 수 있다.

你能不能陪我去一下商店. 너 나와 같이 상점에 갈 수 있니?
你能不能回答我提出的问题? 너 내가 물어 본 문제를 대답할 수 있니?

3) 조동사의 쓰임

(1) 要

① 동사 앞에 높여 '~하고 싶다'의 의미를 나타낸다.

我要学汉语. 나는 중국어를 배우고 싶다.

想은 '~하고 싶다'의 의미로 要와 유사하여 要대신 써도 문장 전체에 차이가 없다. 그러나 想은 要보다 좀 가벼운 바램을 나타낸다. 想은 要와 함께 想要로 쓰기도 한다.

我想在上海停留一天, 可以吗? 나는 상해에서 하루 동안 머물고 싶은데, 괜찮겠니?

毕业以後, 你想要做什麽? 졸업 후에 너 무엇을 하고 싶니?

▽ 부정형 : 不想

要는 '~하려고 하다'의 의지를 나타낸다. 부정 형식은 不要가 아니라 不想이다.

你要看吗? 我不想看. 너 볼거니? 보고 싶지 않아.

② '~해야 한다. ~하지 않으면 안 된다. ~할 필요가 있다.'의 당연을 나타낸다.

今天要早点儿去. 오늘은 좀 일찍 가야한다.

▽ 부정형 : 不用, 不必(不要는 금지의 의미)

你要注意发音. 我不用注意发音. 너는 발음에 주의해야 한다.
나는 발음에 주의하지 않아도 된다.
晚上不要吃太多的东西. 저녁에 너무 많은 것을 먹지 마라.

③ '~하려하고 있다. ~하게 되어 있다' 로 가까운 시일 내에 동작이나 행위가 일어날 것을 나타낸다.(단순미래)

他明天要去上海了. 그는 내일 상해에 가려고 한다.
明天要搬家, 你可不可以来帮我? 내일 이사하려는데 와서 도와줄 수 있니?

了는 그러한 상태에 이르렀다는 변화를 나타낸다.

要下雨了. 비 오겠는데.
下星期要考试了. 다음 주에 시험이다.

④ '아마~일 것이다'의 의미로 비교문에서 추측을 나타낸다. 要는 比 앞에 놓일 수도 있다.

这件事, 你要比我了解得清楚. 이 일은, 네가 나보다 더 잘 알 것이다.
屋子里要凉快得多. 방안이 더 시원할 것이다.

(2) 想

① '~하고 싶다, ~하려고 한다', 很의 수식을 받을 수 있다.

你想不想喝点冰水? 너 시원한 물을 마시고 싶지 않니?
我们想去中国. 우리는 중국에 가고 싶다.
我很想回老家去看看. 나는 매우 집에 돌아가고 싶다.

② 想~就~는 '자신의 의지대로 하고 싶은 것을 하다'의 의미를 나타낸다.

结婚是你们俩的事, 你们想什么时候办就什么时候办.
결혼은 너희 둘의 일이니까, 하고 싶을 때 해라.
这里什么样的饭馆都有, 你想在哪儿吃就在哪儿吃, 想吃什么就吃什么.
여긴 어떤 종류의 음식점도 다 있으니, 먹고 싶은 데서 먹고, 먹고 싶은 것을 먹어라.

③ 想~想得~는 '~가 하고 싶어, ~할 정도이다'의 의미이다.

他想学开车想得饭都吃不下了.
그는 자동차 운전을 배우고 싶어서 밥이 넘어가지 않을 정도이다.

(3) 可以와 能

어떤 일을 할 수 있는 능력, 객관적인 조건하의 허락 혹은 금지를 나타내기도 한다.

▍可以

① '~해도 되니?, ~해도 된다.'로 허락의 의미가 된다.

可以在这里抽烟吗? 여기서 담배를 피워도 되니?
你可以去, 也可以不去, 随你便. 너는 가도 되고, 안 가도 되니까, 마음대로 해라.
现在你们可以走了. 이제 너희들 가도 된다.

▽ 허가의 부정문 : 不可以, 能도 허가의 의미를 나타낼 수 있지만, 可以는 의문문 또는 긍정문에, 能은 의문문이나 부정문에 쓰인다.

你可以去. 너는 가도 된다.
能在这里游泳吗? 여기서 수영을 해도 되니?
这儿不能吸烟. 여기서는 담배를 필 수 없다.

② 可以는 허가의 의미를 나타내는 외에 '能'과 같은 용도, 즉 어떤 조건하에서의 가능의 의미를 나타낸다.

今天可以(能)早点儿回来. 오늘 좀 일찍 돌아올 수 있다.
休息了几天, 他可以上班了. 그는 며칠 쉬어서 출근할 수 있다.

▽ 가능의 부정문은 不能, 허가의 부정문은 不可以로 금지를 나타낸다.

今天我不可以早点儿回来. 오늘 나는 좀 일찍 돌아가서는 안 된다.
这里水草太多, 不可以游泳. 여기는 수초가 너무 많아, 수영을 하면 안 된다.

▎能

① 능력이 구비되어 있거나, 복원되었음을 나타낸다.

我能开汽车. 나는 차를 몰 수 있다.
他病好了, 能下床了. 그는 병이 나아서, 병상에서 내려올 수 있다.

② 허가를 나타낸다. 의문문이나 부정문에서 많이 쓰인다.

今天你能参加我的生日宴会吗? 오늘 내 생일 파티에 참가할 수 있니?
星期天不能借书. 일요일에는 책을 빌릴 수 없다.

③ 가능성을 나타낸다.

这件事他能不知道吗? 이 일을 그가 모를 수 있니?
你今天能不能写完作业? 너 오늘 숙제를 다 할 수 있니?

④ 사람들이 모두 다 할 수 있는 일에 很能을 붙이면 그 능력이 특별히 강함을 나타낸다.

他很能走路, 上下班都是步行. 그는 잘 걸어서, 출퇴근을 모두 걸어간다.

老张很能写文章, 常在报上发表. 老张은 글을 잘 써서, 늘 신문에 발표를 한다.

⑤ 이미 완성된 사실의 부정은 没(有)를 사용하기도 한다.

昨天我没能见到他. 어제 나는 그를 볼 수 없었다.

▎能과 会의 비교

① 능력을 갖추었다는 경우에는 能이나 会를 다 쓸 수 있다. 그러나 학습, 연습을 통해 처음 기술을 습득한 것을 나타낼 때, 동작이나 기능에는 会만을 쓸 수 있다.

我能开车. 나는 차를 몰 줄 안다.
我会开车. 나는 차를 몰 줄 안다.
小弟弟才半岁, 只会喊妈妈. 막내 동생은 겨우 여섯 달되어서, 엄마만 부를 줄 안다.

② 능력이 복원되었을 경우에는 能만을 쓸 수 있다.

他病好了, 又能上班了. 그는 병이 나아서, 다시 출근할 수 있다.

③ 수준이나 효율을 나타낼 때도 能만을 쓸 수 있다.

现在我能跟中国朋友用中文谈谈了.
현재 나는 중국 친구랑 중국어로 이야기할 수 있다.
我一小时能抄六百字. 나는 1시간에 600자를 베낄 수 있다.

④ '조건 때문에 어떤 일을 할 수 있다 없다'를 나타낼 경우에도 能만을 쓸 수 있다.

停电了, 我不能学习. 정전이라, 나는 공부할 수가 없다.
他有病了, 不能吃东西. 그는 아파서, 무엇을 먹을 수가 없다.

⑤ 허가를 나타낼 경우에도 能만을 쓸 수 있다.

上课的时候能不能问问题? 수업 시간에 질문을 해도 되니?
只有18岁以上的人才能喝酒. 18세 이상의 사람만 술을 마실 수 있다.

⑥ '어떤 일을 잘 하다'의 뜻을 나타낼 경우, 能은 능력 会는 기교에 강하다.

能写不见得会写. 쓸 줄 안다고 잘 쓰는 것은 아니다.
能穿不一定会穿. 입을 수 있다고 해서 다 잘 입는 것은 아니다.

⑦ 가능성을 나타내는 能과 会
가정을 나타내는 복문에서는 앞 절에는 能을, 뒷 절에는 会를 사용한다.

他如果能来, 就太好了. 그가 올 수 있다면, 정말 좋지.
如果你走出这间房子, 就会遇到危险.
만약 네가 이 집을 나간다면, 위험에 직면할 것이다.

조건을 나타내는 복문에서는 能만을 쓸 수 있다.

只有你去请, 他才能来. 오직 네가 가서 청해야만, 그가 비로소 온다.

▍能과 能够

① 能够는 能처럼 '능력, 수준, 효능, 허가' 등의 뜻을 가지고 있다. 이 경우 能과 바꾸어 쓸 수 있다.

他能够单独完成这个任务. (능력)그는 혼자 이 임무를 완성할 수 있다.
我一个小时怎么能够写完这么多作业?
(수준)내가 1시간 동안 어떻게 이렇게 많은 숙제를 다 쓸 수 있니?
这种药能够治感冒吗? (효능)이 약은 감기를 낫게 할 수 있니?
这是个秘密, 我哪能够随便告诉你?
(허가)이건 비밀인데, 내가 어떻게 너에게 마음대로 가르쳐 줄 수 있겠니?
再存上几万, 咱们就能够买汽车了.
(허가)몇 만원만 더 모으면, 우리는 자동차를 살 수 있다.

② 能够는 가능성의 뜻이 없고, 정반의문형 사용할 수 없으나, 能은 가능하다.

满天的星星, 哪能下雨? 하늘 가득 별인데, 어떻게 비가 오겠니?
你能不能少说两句? 말 좀 적게 할 수 없니?

(4) 该/应该/应当

▎该

① '마땅히 ~해야 한다', 단독으로 질문에 대답할 수 있고, 부정 형식은 不该이다.

该三天办完的事, 他两天就办完了. 사흘에 다 할 수 있는 일을, 그는 이틀에 다 끝냈다.
你不该一个人去. 너는 혼자 가면 안 된다.

该~了의 형식

时间不早了, 我们该走了. 시간이 늦었다. 우리 가야 한다.
天也不早了, 你也该歇了. 날이 많이 저물었다, 너도 쉬어야지.

② '~일 것이다', 이치나 경험을 근거로 한 추측을 나타내며, 단독으로 질문에 대답할 수 없고, 부정 형식도 없다.

该~了의 형식

看样子又该下雨了. 보아하니 또 비가 오려나 보다.

该 + 有 + 多~의 형식

你要是能跟我们一起去, 该有多好!
네가 만약 우리와 함께 갈 수 있다면, 얼마나 좋을까!

▎应该

① '마땅히 ~해야 한다'는 의미로 동사 앞에 온다.

学生应该认真学习. 학생은 열심히 공부해야 한다.
你应该好好地学习. 너는 반드시 열심히 공부해야만 한다.

② '당연히 ~할 것이다, (추측한 상황이) 틀림없이 ~일 것이다'의 의미이며, 추측을 나타낼 때도 있다.

他早上一起床就出发的, 现在应该到了.

그가 아침에 일어나자마자 출발했으니, 지금쯤 틀림없이 도착했을 것이다.

他昨天动身的, 今天应该到了.

그는 어제 출발했으니까, 오늘은 당연히 도착했을 것이다.

他是前年入学的, 现在应该是三年级了.

그는 재작년에 입학했으니까, 지금은 당연히 3학년일 것이다.

③ 다른 조동사와는 달리 주술구를 목적어로 가질 수 있다.

大家的事情应该大家办. 모두의 일은 마땅히 모두가 해야 한다.

要想取得好成绩, 就应该大家共同努力.

좋은 성적을 거두려면, 마땅히 모두 함께 노력해야만 한다.

④ 应该와 该

该는 가정을 나타내는 복문의 뒷 절에 쓰여, 추측의 의미를 나타내나, 应该에는 이런 용법이 없다.

如果你再不回去, 老王该说你了.

만약 다시 가지 않으면, 왕선생이 너에게 뭐라 할 것이다.

该는 '该会、该可以、又该、该有多…'라고 쓸 수 있으나, 应该는 쓸 수 없다.

接到这封信, 你该可以放心了吧? 이 편지를 받았으니, 이제 안심이 되니?

他要是知道, 又该批评我了. 그가 만약 알게 되면, 또 나 혼낼 것이다.

我们的责任该有多重啊! 우리의 책임이 얼마나 막중한데!

(5) 必须

① '반드시~해야 한다'의 의미로 필요를 나타낸다.

学生必须带学生证. 학생은 반드시 학생증을 지녀야 한다.

② 부정은 不必이다.

我已经知道了, 你不必再说了. 나는 이미 아니까, 더 이상 이야기 할 필요 없다.

③ 必需는 '꼭 필요로 하다'는 동사로 술어로 쓰이며, 必须는 조동사이다.

做这个工作必需五个人. 이 일을 하려면 반드시 다섯 사람이 필요하다.
你明天必须来. 내일 반드시 와야 한다.

(6) 得

① '마땅히 ~해야 한다, ~할 것이다'의 의미로 필요와 추측의 의미를 나타낸다. 부정 형식은 不用、甭、不要、不必이지 不得(děi)가 아니다.

弟弟的病得动手术. 동생의 병은 수술해야만 한다.
弟弟的病不要动手术. 동생의 병은 수술하지 않아도 된다.
明天早上六点出发, 我们得五点起床.
내일 아침 6시 출발하니, 우리 5시에 일어나야만 한다.
明天九点才出发, 我们不用那么早起床.
내일 아침 9시에야 출발하니, 우리는 그렇게 일찍 일어날 필요가 없다.

② '(시간, 돈이) 들다'의 의미로 최소한의 수요량을 나타낸다.

从北大到北京火车站, 坐车得多少时间?
북경대에서 북경역까지, 차로 얼마나 걸리니?
这件上衣得十块钱吧? 이 겉옷은 10원은 하겠는데?

③ '~할 것이다'의 의미로 마땅히 그럴 것이라는 추측을 나타낸다. 会보다 강하고, 부정 형식으로 不会나 不可能을 사용한다.

看天气, 今天得下雨. 날씨를 보니, 오늘 비올 것 같다.

(7) 肯

① '동의하다, 받아들이다'의 의미로 '肯 + 구체적인 동작'의 형태로 사용된다.

这孩子很懂礼貌, 总是等到长辈坐下, 他才肯坐.
이 아이는 예절을 알아, 늘 어른이 앉기를 기다렸다가, 비로소 앉는다.

② '기꺼이 ~하다'의 의미로 '肯 + 추상적 동작 혹은 늘 일어나는 동작'의 형태로 사용된다.

他这人心好, 也挺聪明, 就是不肯吃苦.
그 사람은 마음도 좋고, 영리한데, 단지 힘든 것을 하려고 안 한다.
老李是个热心肠, 肯帮助人, 找他帮忙准行.
老李는 따뜻한 사람이라, 남을 잘 돕는다. 그를 찾아가 도와달라고 하면 틀림없이 된다.

(8) 敢

① '감히~할 용기가 있다, 담력이 있다'의 의미이다. 단독으로 질문에 대답할 수 있고, 부정 형식은 不敢, 没敢이다.

敢 + 구체적 행동

你敢不敢从这儿游过去? 여기서 헤엄쳐 갈 자신 있니?

② '자신 있게 ~하다'의 의미로 과감하게 어떤 판단을 내릴 경우에 쓰인다. 부정 형식은 不敢이다.

敢 + 판단과 관계있는 추상적 동사(肯定, 说, 保证, 断定)

我敢说他肯定有女朋友. 나는 그가 틀림없이 여자 친구가 있다고 장담할 수 있다.
他还在不在这个城市, 我不敢肯定.
그가 아직 이 도시에 있는 지를, 나는 확신할 자신이 없다.

(9) 可

① 허가나 가능을 나타낸다. 可以와 같으나 서면어에 많이 쓰이고, 구어에서는 정반(正反)의 대립에 많이 쓰인다.

文章可长可短. 글은 길어도 되고 짧아도 된다.

② '~할 만한 가치가 있다'의 의미로 '可 + 동사 + 的'의 용법으로 많이 쓰인다.

我没有什么可说的. 나는 아무 말도 할 말이 없다.
这个展览会可看的东西真多. 이 전람회는 볼만한 것들이 정말 많다.

▎可能

① '아마 ~일 수도 있다'의 의미이며 부사로 보기도 한다.

他不在家, 可能上课去了. 그는 집에 없는데, 아마 수업 갔나 보다.
这么一点儿饭两个人吃, 可能不够吧.
이 정도 밥을 두 사람이 먹으려면 아마 부족할 것이다.

② 怎么可能 ~ 呢는 불가능을 의미한다.

他怎么可能今天回来呢? 그가 어떻게 오늘 돌아올 수 있니?
你怎么可能不去呢? 어떻게 안 갈 수가 있겠니?

③ 형용사 '가능하다'의 의미로 술어나 관형어로 쓰인다.

他常喝酒? 这不可能吧? 그가 늘 술을 마신다고? 그럴 리가 있나?
这是不可能的事. 이것은 불가능한 일이다.

④ 명사 '가능성'의 의미로 有의 목적어로 자주 쓰인다.

我这个愿望有没有实现的可能? 有可能.
내 이 희망이 실현될 가능성이 있니? 가능성이 있다.

⑤ 尽可能은 '가능한 한 최선을 다해'의 의미이다.

我尽可能帮你找, 但不一定能找得到.
내가 최선을 다해 찾아보겠으나, 꼭 찾는다고는 보장 못한다.
我们尽可能去说服他, 但结果怎么样还不敢说.
우리가 최선을 다해 그를 설득하겠지만, 결과가 어떻게 될 지는 장담 할 수 없다.

05 形容词

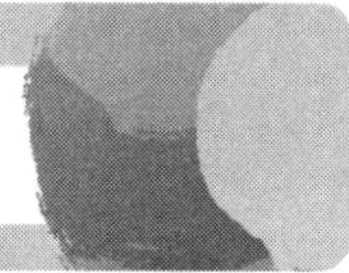

형용사는 사물의 성질이나 상태를 나타내는 단어이다. 또한 동작, 행위의 성질 및 상태를 나타낼 수 있다.

1) 형용사의 종류

(1) 사람이나 사물의 성질, 상태를 나타내는 단어

好, 坏, 差, 优秀, 伟大, 正确, 大, 高, 长, 干净, 漂亮

(2) 동작, 행위의 상태를 나타내는 단어

快, 慢, 早, 晚, 多, 认真, 热烈

2) 형용사의 특징

(1) 형용사는 정도부사의 수식을 받을 수 있다.

很贵 비싸다　十分漂亮 아주 아름답다　非常清楚 아주 분명하다　极好 매우 좋다

(2) 수식구조의 형용사, 즉 상태형용사는 단어 자체에 이미 정도의 뜻이 내포되어 있으므로 정도부사의 수식을 받을 수 없다.

雪白 새하얗다　血红 피처럼 빨갛다　漆黑 옻칠처럼 검다　喷香 향기롭다
通红 시뻘겋다

(3) 명사・동사를 수식할 수 있다.

好东西　新房子　断定的姿态 ……… 명사수식

热烈地恋爱 认真地修理 ……… 동사수식

(4) 일반형용사는 목적어를 가질 수 없다. 그러나 동사의 기능을 겸한 형용사는 목적어를 지닐 수 있다.

端正态度 - 使态度端正 태도를 단정히 하다
充实内容 - 使内容充实 내용을 충실케 하다

(5) 정도의 차별이 설정될 수 없는 형용사(真, 假, 绝对, 唯一 등), 수량형용사(许多, 好些, 全部 등), 비술어형용사(主要, 个别, 大型, 小型, 菜色, 男女 등)는 很의 수식을 받을 수 없고 술어도 되지 못하며 문장 가운데 관형어만 될 수 있다.

(6) 중첩된 형용사는 그 자체가 정도를 나타낸다. 의미면에서 보면 중첩식은 생동감이 있고, 어떤 종류의 감정 색채를 포함한다. 단음절의 형용사는 2종류의 중첩형식이 있다.

慢慢儿 아주 느리다 香喷喷 향기가 풀풀 나다 糊里糊涂 어리벙벙하다

(7) 대다수는 술어가 될 수 있다.

房子大, 집이 크다. 太阳红, 해가 빨갛다. 车慢. 차가 느리다.

3) 형용사의 기능

(1) 술어

那个人诚实. 그 사람은 성실하다.
这所房子不大. 이 집은 크지 않다.

(2) 관형어

他要买漂亮的衣服. 그는 아름다운 옷을 사려고 한다.

教室里有很多学生. 교실안에 많은 학생들이 있다.

(3) 부사어

他每天早来晚走. 그는 일찍 와서 늦게 간다.
他高高兴兴地学习. 그는 즐겁게 공부한다.

(4) 보어

他早上来得早. 그는 아침에 일찍 온다.
他说的话不清楚. 그의 말은 분명하지 않다.

(5) 목적어

病人需要安静. 환자는 안정을 취해야 한다.
他们不喜欢热闹. 그들은 시끄러운 것을 싫어한다.

(6) 주어

成实是成功的必要条件. 성실은 성공의 필수조건이다.
骄傲使人落後. 교만함은 사람을 낙후시킨다.

4) 형용사의 중첩

(1) 단음절 중첩

① AA式(2번째 음절은 1성으로 읽는다.)

慢慢儿 아주 느리다　好好儿 아주 좋다　红红儿 아주 빨갛다

② ABB式 (뒤의 2번째 음절은 1성으로 읽는다.)

赤裸裸 적나라하다　乾巴巴 바싹 마르다　香喷喷 향기가 풀풀 나다

(2) 이음절 중첩

① AABB式(2번째 음절은 가볍게 읽고, 3,4음절은 1성으로 읽는다.)

马马虎虎 대충대충하다　仔仔细细 자세하다　高高兴兴 매우 즐겁다

② A里AB式 (얕보거나 경시하는 의미 또는 헐뜯거나 비방하는 것을 표시한다.)

糊里糊涂 어리벙벙하다　土里土气 촌티가 나다　古里古怪 기이하다

③ ABAB式 (B앞에 수식성분이 있고, 첫 음절은 무겁게 읽는다.)

雪白雪白 아주 눈처럼 희다　通红通红 아주 빨갛다　漆黑漆黑 아주 검다

06 数量词

숫자와 차례를 나타내는 단어를 수사라 한다. 양사는 사물이나 동작·행위의 단위를 나타내는 단어이다. 중국어의 수사와 양사는 항상 같이 쓰인다.

1) 수사

수사는 수를 나타내는 기수와 순서를 표시하는 서수로 나뉘며, 기수는 정수, 분수, 소수, 배수를 포함한다.

중국어 수사는 반드시 양사와 결합하여 명사를 수식하는 수량구가 된다. 현대 중국어 중에서 "一本书(책 한권)"을 "一书"이라 말할 수 없다. 수사는 또 기수사와 서수사로 구성된다.

○ 기수(基数)

기수는 숫자의 분량을 표시한다. 정수를 제외한 분수, 배수, 소수, 개수 등은 일정한 형식의 구로 표시한다.

(1) 정수

① 100 이하의 단위

一　二　三　~　十
十一　十二　~　二十
二十一　二十二　~　三十　~　九十九　~　一百

② 100 이상의 단위 : 100이상의 수에 '0'이 있으면 '零'을 하나만 넣는다.

一百零一 (101)　一百五 (105)　一百一十 (110)
一百一十一 (111)　二百六十 (260)
九百八十五 (985)　九百九十九 (999)

③ 1000 이상의 단위

一千 (1000)　一千零一 (1001)　一千零十九 (1019)
一千一百 (1100)　一千一百二十 (1120)　一千九百零一 (1901)　两千 (2000)
三千六百四十四 (3644)　~　一万 (10000)
一万零一 (10001)　~　九万九千八百零三 (99803)　十万 (100000)

④ 二와 两
▸ 十 이상의 정수 '2'는 '二'로 읽는다.

十二 (12)　三百二十一 (321)　四千二 (4200)

'200'을 '两百'라고 읽을 수 있고, '千, 万, 亿' 단위의 '2'는 보통 '两'으로 읽는다.

▸ 两千, 两万, 两亿
'二'가 2개 이상 연속되면 보통 처음의 '2'를 '两'으로 읽고, 뒤의 '2'는 '二'로 읽는다.

两千二百二十二 (2222)

▸ 양사 앞의 '2'가 한 자리 수이면 '两'으로 읽는다.

两个 두 개　两本书 책 두 권

▸ 도량형 단위 앞에 '2'는 '二와 两' 모두 사용할 수 있다.

二斤 두 근　两米 2m

(2) 분수

① 분수는 "…分之…"의 형식으로 나타내며, 앞의 숫자는 분모를 뒤의 숫자는 분자를 나타낸다. 즉, 분수는 'X(분모)分之Y(분자)'라고 읽는다.

2/3 三分之二

② 분수 앞에 정수가 있으면 X 又(和) X 三分之 Y

3과 1/5 三和五分之一

③ 퍼센트는 '百分之 X' 라고 읽는다.

80% 百分之八十

(3) 소수

소수점은 '点'으로 읽고 소수점 이하의 숫자는 하나하나 읽는다.

0.2 零点二　3.1416 三点一四一六
20.35 二十点三五

(4) 배수

① 배수는 수사 뒤에 양사 '倍'를 붙여 준다.

两倍　두 배　一百倍　백 배

② '增加了 ～ 倍'는 원래의 수를 포함하지 않는다.

九比三大两倍. 9는 3보다 두 배가 크다.
增加了一倍. 두 배가 되었다.

(5) 개수

어림수를 나타내는 방법으로 아래 몇 가지가 있다.

① 来
十 百 千 万 등의 수사의 뒤, 양사의 앞에 놓여 그 수사가 나타내는 수에 가까움을 나타낸다.

他买了二百来张纸. 그는 종이 이백 여장을 샀다.
今天参加大会的有两千来人. 오늘 대회에 참가하는 사람은 2,000여 명이 된다.

② 多
十 百 千 万 등의 수사의 뒤에 '多'를 써서 그 수가 앞의 수사가 나타내는 수보다 많음을 나타낸다.

今天我去书店买了十多本书. 나는 오늘 서점에 가서 십 여권의 책을 샀다.

③ 几
본래는 의문대사이지만, 차용하여 10미만의 불확실한 숫자를 나타낸다.

春假期间, 我想去看几位朋友. 봄 방학 때 나는 친구를 몇 명 보러 가고 싶다.

④ 左右 上下 前後
수사 뒤에 놓여 앞에 제시된 숫자에 도달함을 나타낸다.

十五左右 15쯤　五十上下 50쯤

⑤ 两 : 본래는 정수 '2'를 나타내지만, 불확실한 숫자를 나타내기도 한다.

这两天, 小王有点儿不舒服. 요 며칠 왕군은 좀 불편하다.

○ 서수(序数)

앞뒤의 순서를 나타내는 숫자를 가리킨다. 서수사는 기수사 앞에 접사 "第, 头, 初"를 붙여 나타낸다.

第一　第二　第二十二

순서를 나타내는 수사가 직접 명사 앞에 놓여 호칭, 번호, 등급을 표시할 경우 '第'를 쓰지 않아도 된다.

二叔　三姐　四弟　　　　………친척의 호칭
一级　二层　一年级　三班………사물의 등급 및 구별

2) 양사

양사는 사람・사물이나 동작의 단위를 나타낸다. 양사의 문법적 특징은 자립하여 쓸 수 없다. 반드시 수사나 지시대명사와 결합하여 관형어, 부사어, 보어로 쓰인다. 또한 단음절 양사는 중첩하여 '마다'의 뜻을 나타낸다. 예를 들어 "人人", "天天"은 명량사의 중첩이며, "每个人", "每天"의 의미를 가진다. "回回", "场场"은 동량사의 중첩으로, "每回", "每场"의 의미를 가진다. 양사는 동량사와 명량사 두 종류로 나뉜다.

(1) 명량사

① 사람이나 사물의 수량을 셀 때 쓰인다. 个 只 枝 张 件 本 米 斤 只 座 등이 있다. 양사는 수사와 연용하여 一个(한 개), 两张(두 장), 三斤(세 근)으로 말한다.

② 양사는 사물이나 동작의 수량단위를 표시한다.

这本书 이 책　念一遍 한 번 읽다

③ 일부 양사는 명사를 빌려 양사처럼 사용한다. 이를 차용명량사라 부른다.

一床被 이불 한 벌　一书架书 책장 하나　一车货 화물 한 차

(2) 동량사

① 동량사 '次, 回, 顿, 遍, 场' 등은 동작 · 행위의 수량을 표시하며, 문장에서 주로 동작 횟수를 보충하는 보어로 쓰인다.

去一次 한 번 가다　去一趟中国. 중국에 다녀왔다.

② 양사와 명사 사이에는 일반적으로 '的'을 붙일 수 없다. "한 명의 학생"을 "一个的学生"이라고 말할 수 없다. 단지 동량사(尺, 米, 公尺, 里, 斤, 吨, 顷 등)와 명사의 사이에 的을 붙일 수 있다.

一尺的布 베 한 척　三斤的鱼 물고기 세 근

(3) 양사의 중첩

① 단음절 양사나 수량구를 중첩하여 '모두, 전부, ～마다'의 의미를 나타낸다.

这些孩子个个都会电脑. 이 아이들은 모두 컴퓨터를 할 줄 안다.
他天天都来得很早. 그는 매일 일찍 온다.

② 중첩은 'ABAB', 또는 'ABB', 'AB又AB' 형식으로 동작의 방법을 묘사한다.

两个两个地往里走 두 사람씩 들어간다.　一本本地念 한 권씩 읽는다.

07 副词

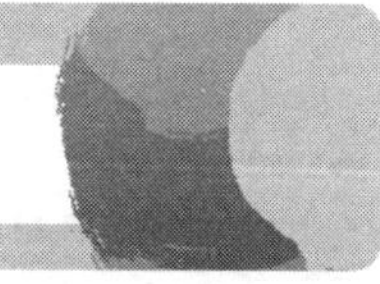

부사는 동사를 수식하는 부사어로 쓰이거나, 형용사 혹은 전체 문장 수식한다. 주로 정도, 범위, 시간 등을 나타낸다.

1) 부사의 종류

(1) 시간부사 : 시간과 관련된 의미로 술어를 수식한다.

平常 평소　到了儿 마침내　近来 요즘　经常 언제나　当时 당시
趁早 일찌감치　早就 벌써　早晚 조만간　最後 줄곧　刚 방금　刚刚 지금 막
刚才 방금　已 이미　已经 이미　曾经 일찍이　就 곧　正 마침　正在 지금
在 마침　将 장차　立刻 곧　马上 곧　回头 조금 있다가　起初 처음
原先 이전　一时 우연히　向来 본래부터　一直 줄곧　一向 줄곧
从来 지금까지　隋时 수시로　时时 늘　偶而 우연히　老是(总是) 언제나
忽然 갑자기

(2) 범위부사 : 사람, 사물, 사건, 동작 등 문장성분의 범위를 제한한다.

都 모두　全 모두　统统 모두　一共(共) 전부　总共 모두
一起(一同・一齐・一道) 함께　一概 전부　净 모두　只 단지　仅仅 단지
独 혼자　惟独 오직　单 오로지　光 단지

(3) 중복・빈도부사 : 동작이 반복적으로 출현하는 상태의 중복이나 빈도를 나타낸다.

又 또　再 다시　还 아직　也 ~도　屡次 여러번　再三 거듭　往往 자주
反夏 거듭　不断 끊임없이

(4) 정도부사 : 형용사나 심리동사를 수식하여 정도를 나타낸다.

很 매우　极 극히　挺 매우　怪 몹시　太 대단히　非常 매우　格外 각별히
十分 매우　最 가장　顶 매우　更 더욱　更加 더욱　比较 비교적　相当 무척
稍微 조금　略微 약간　越 더욱

(5) 어기부사 : 긍정, 의문, 추측, 강조 등의 어기를 나타낸다.

可・幸亏 다행히　难道 설마　居然 뜻밖에　究竟 도대체　到底 도대체

偏偏 뜻밖에　索性 차라리　简直 그야말로　反正 아무튼　却 그러나
倒 도리어　多亏 다행히　也许 어쩌면　大约 아마　好在 다행히도
几乎 거의　差点儿 하마터면　果然 과연　果真 정말　明明 분명히

(6) **긍정・부정부사** : 술어 앞에서 행위, 동작, 상태의 부정을 나타낸다.

不 아니다　没 않다　一定 반드시　准 반드시　未必 반드시~아니다
必定 바드시　必然 반드시　别 ~하지 마라　不用 ~할 필요 없다
不曾 아직~않다

(7) **정태부사** : 주어의 행위나 상태를 나타낸다.

猛然 갑자기　依然 여전히　仍旧 여전히　逐步 차츰차츰　渐渐 점점
亲自 직접　百般 여러 가지로　毅然 의연히　互相 서로　特地 특별히

2) 부사의 특징과 기능

(1) 부사의 역할은 동사, 형용사를 수식하여 부사어가 된다.

他非常忙. 그는 매우 바쁘다.
我相信你一定会那样做的. 나는 네가 반드시 그렇게 할 것으로 믿는다.

(2) 일부 부사는 주어 앞에 위치하여 문장 전체를 수식할 수 있다.

原来你在这儿啊! 너 여기에 있었구나!
大概他今天不来了. 아마 그는 오늘 안 올 것이다.

(3) 都, 全, 太, 很, 一定 등은 부정부사 앞뒤에 올 수 있으나 의미는 다르다.

都不好. 모두 좋지 않다.　太不容易了. 정말 쉽지 않다.
不都好. 모두 좋은 것은 아니다.　不太容易了. 그리 쉽지 않다.

(4) 부사는 일반적으로 명사를 수식할 수 없으나, 사람, 수량을 제한하는 범위 부사는 명사성 성분을 수식할 수 있다. 이때 수식받는 명사성 성분은 반드시 수량의 제한이 있어야 한다.

这个孩子才六岁, 已经认得不少字了.

이 아이는 겨우 여섯 살인데, 이미 많은 글자를 안다.

报名的才两个人. 등록한 사람이 겨우 두 명이다.

(5) 정도부사 最는 장소명사를 수식할 수 있다. 의미상 수식받는 명사는 모두 장소를 나타내며, 前, 後, 底, 上, 下 등의 방위를 표시하는 형태소를 가진다.

生活在最底层. 최하층에서 생활하다.

走在最前面. 가장 앞에서 걷다.

(6) 범위부사와 시간부사는 시간을 나타내는 수량구나 명사구를 수식할 수 있다.

才春天. 이제 봄이다.

已经半年了. 이미 반년이 되었다.

(7) 부사는 기본적으로 보어로 쓸 수 없지만, 极, 很 등 일부 부사는 술어 뒤에서 보어로 쓰인다.

好极了. 아주 좋다.

街上的车子多得很. 거리에 차가 아주 많다.

(8) 일부 부사는 단어, 구, 절을 연결하는 접속 기능이 있다.

她又漂亮又聪明. 그녀는 예쁘기도 하고 똑똑하기도 하다.

我一回家就给你打电话. 내가 집에 가자마자, 바로 너에게 전화하겠다.

(9) 不, 没有, 也许, 一定 등을 제외한 대부분의 부사는 단독으로 질문에 대답을 못한다.

3) 상용부사

(1) 就와 才

就는 사건의 진행 속도가 빠르고, 才는 사건의 진행이 느리고 다소 시간이 소요된다.

九点上课, 他八点就来了. 9시에 수업시작인데 그는 8시에 벌써 왔다.
他一直学到十二点才睡. 그는 12시까지 계속 공부하고 겨우 잔다.

(2) 正在

동사 앞에 正, 在, 正在를 붙여 동작의 진행을 나타낸다. 조사 -着 또는 문미에 呢를 붙여 쓸 수 있다.

他正在(着)看书呢. 그는 마침 책을 보고 있다.
他在吃饭呢. 그는 밥을 먹고 있다.

(3) 已经과 曾经

已经은 동작이 발생하여 동작의 변화가 존재함을 나타내고, 曾经은 동작의 변화가 존재하지 않는 과거의 경험을 나타낸다.

我已经在北京住了三年了. 나는 북경에서 이미 3년 동안 살고 있다.
曾经去过了. 나는 일찍이 가본 적이 있다.

(4) 刚과 刚才

刚과 刚才은 동작의 발생시간이 얼마 되지 않았음을 나타낸다. 刚은 술어 앞에 쓰이지만, 刚才는 술어 앞이나 주어 앞에 놓여 시간명사로 쓸 수 있다.

我是今天早上刚来的. 나는 오늘 아침에 막 왔다.
刚才我给他打了电话. 방금 그에게 전화했다.

(5) 不과 没有

不는 현재나 미래의 동작과 상태를 부정하고, 과거의 동작이나 상태를 부정한다.

我不看电影. 나는 TV를 보고 있지 않다.

我不去食堂, 去书店. 나는 식당에 안가고 서점에 간다.

我没有吃饭. 나는 밥을 안 먹었다.

제2절

허 사

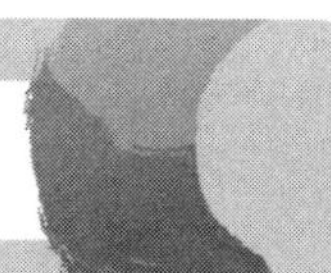

01 전치사

전치사는 명사 혹은 명사구 앞에서 전치사구를 만들어, 술어인 동사나 형용사 등을 수식한다. 문장 중에서 전치사구는 주로 부사어와 관형어, 보어가 되지만 술어는 될 수 없다. 전치사가 이끄는 성분은 동사 앞에서 시간, 장소, 방향, 원인, 방식, 대상, 비교 등의 의미를 나타낸다. 전치사는 대다수가 동사에서 변화, 발전하여 동사로 사용될 수 있다.

동사	전치사
他在家	在教室里念书
到北京了	到上海开会
给我一支烟	给我打一针
他总跟着我	你跟谁说话?
我们比一比	我比你高

전치사구의 위치는 다음과 같다

① 주어 + 전치사 + 명사/대명사 + 동사/형용사 + 기타 성분
② 주어 + 부사 + 조동사 + 전치사 + 명사/대명사 + 동사/형용사 + 기타 성분
③ 주어 + 동사 + (在, 给, 向, 往, 自, 到, 于) + 명사/대명사

1) 전치사의 종류

(1) 시간, 장소

从~부터 自从~부터 到~까지 当, 在~에서 于~에서 离~에서 朝~을 향하여 向~을 향하여 打~로 부터 由~에서 往~에서 沿着~따라서

(2) 근거, 방식, 방법

按~에 따라서 按照~에 따라서 经过~를 경과하여 通过~를 통해서 根据~를 근거하여 作为~의 자격으로 凭~에 의거하여

(3) 원인, 목적

由於~때문에 为~를 위하여 为了~를 위하여 为着~를 위하여 因~때문에 由于~때문에

(4) 대상

关于~관하여 对于~대하여 对~대하여 和~에게 跟~와 同~와 与~와 给~에게 把~을 替~를 위하여

(5) 비교

比(跟, 和, 同, 与) ~보다

2) 전치사의 특징

(1) 전치사는 명사 혹은 명사구 앞에 와서 전치사구를 만들어, 동사나 형용사를 수식한다.

我不想跟他说话. 나는 그와 이야기하고 싶지 않다.
他不在家里念书. 그는 집에서 공부하지 않는다.

(2) 전치사는 중첩할 수 없으며, 동태조사 "着, 了, 过"나 방향동사 "来, 去" 등을 붙일 수 없다. 그러나 "对着, 为了, 向着, 除了, 朝着, 沿着…" 처럼 "着, 了"가 붙어 있는 형태는 지속의 의미가 없고, 단어의 구성 특징상 습관적으로 '着'을 붙일 뿐이다.

为了了解中国, 我常常参观很多地方.
중국을 이해하기 위해서 나는 여러 지방을 구경한다.
沿着铁路走十分钟就是火车站. 철로를 따라서 10분을 걸으면 바로 기차역이다.

(3) 대부분의 전치사 "到, 在, 给, 比, 跟, 让" 등은 동사로 쓰일 수 있다.

他在家. 그는 집에 있다. (동사)
他不让路. 그는 길을 비키지 않는다. (동사)
春天快要到了. 곧 봄이 다가온다. (동사)
他比我高. 그는 나보다 키가 크다. (전치사)
我到车站送妹妹去. 나는 역에 가서 여동생을 전송한다. (전치사)

(4) 전치사구는 주로 동사를 수식하는 부사어로 쓰인다. 대부분의 전치사구는 주어 뒤, 술어 앞에 온다. 그러나 "关于, 至于"는 대개 주어 앞에 오고, "自从, 对于, 由于, 为了, 除了, 按照" 등도 주어 앞에 올 수도 있다.

你跟他一起. 너는 그와 함께 가거라.
关于宿食问题, 我早已按排好了. 숙식 문제에 관해서는, 내가 이미 다 안배해 놓았다.

(5) 관형어로 쓰인다. 전치사 "关于, 对于, 朝" 등과 결합된 전치사구는 '的'과 결합되어 뒤에 오는 명사(구)를 수식한다.

关于国际形势的报告. 국제 정세에 관한 보고서.
对儿童的教育是十分重要的. 아동에 대한 교육은 매우 중요한 것이다.

(6) 일반적으로 전치사구는 술어 앞에 쓰이지만, 일부 전치사는 술어 뒤에서 보어로 쓰인다.

这趟列车开往上海. 이 열차는 상해행이다.

3) 상용 전치사

① 在

'~에서, 할 때에' 在가 전치사로 쓰이면 동작발생의 장소와 시간을 나타낸다. 在로 이루어지는 전치사구조는 동사 앞에 놓여 부사어가 될 수도 있고 동사 뒤에 놓여 보어 역할을 할 수도 있다.

我们在这儿照张相,留个纪念吧. 여기서 사진을 찍어 기념으로 남기자.
在哪儿办理托运? 어디에서 탁송처리를 하니?
火车在这个站停多长时间? 이 열차는 역에서 얼마나 머무르니?
不要在街上买东西吃 길에서 물건을 사먹지 마라.

② 从

'~에서' 시간·장소의 기점을 나타낸다. 从은 흔히 起와 어울려 从~起(开始)의 구조로 기점(~로부터 시작하여)을 나타내기도 하고, 到와 어울려 从~到의 구조로 시간 혹은 공간상의 거리를 나타내기도 한다.(从,自,自从,打,由)

从首尔到北京坐飞机要几个小时? 서울에서 북경까지 비행기로 몇 시간 걸리니?
从今天开始讲第五课. 오늘부터 제5과를 공부하겠다.

③ 离

'~로부터, ~에서' 동작의 대상이 아닌 목적어를 수반하여 두 지점사이의 거리를 나타낸다. 从은 '전치사 목적어'구를 구성하여 '到, 来, 去, 出发' 등 동사성 단어 앞에 높이지만, 离는 뒤에 有~远, 近, 公里/距离, 分钟, 小时, 月, 天 등이 높인다.

这儿离宿舍很远. 여기에서 기숙사까지는 아주 멀다.
邮局离图书馆不太远.. 여기에서 기숙사까지는 그리 멀지 않다.

④ 自, 自从

'~로부터, ~에서' 시간, 행위 동작의 기점을 나타내는 것은 从과 같지만, 서면어에 자주 쓰인다.

自古以来, 泰山一直为游人们所喜欢.
오랜 동안 태산은 줄곧 관광객이 좋아하는 곳이 되었다.
本次列车自北京开往上海. 이 열차는 북경에서 상해로 간다.

⑤ 向

'~을 향하여, ~에게' 등 동작이 진행되는 방향이나 동작의 대상을 나타낸다. 向으로 이루어진 전치사구조는 부사어가 될 수 있고, 동사 뒤에 놓여 보어 역할을 할 수 있다.(往, 朝, 朝着, 冲, 冲着)

你一直向南走. 너는 계속 남쪽으로 가라.
如果有不懂的问题, 可以向老师请教.
만약 모르는 문제가 있으면, 선생님에게 도움을 청하면 된다.
他向我们介绍了一本书. 그는 우리에게 책 한권을 소개했다.

⑥ 朝

'~을 향하여' 동작의 방향, 대상을 나타낸다. 뒤에 着를 붙일 수 있다.

火车朝(向, 往)北京开去. 기차는 북경으로 간다.
他朝(对, 向)我挥了挥手. 그는 우리를 향해 손을 흔들었다.

⑦ 往

'~을 향하여' 동작이 진행되는 방향을 나타낸다. 往으로 이루어지는 전치사구조는 동사 앞에 놓여 부사어도 될 수 있고, 동사 뒤에 놓여 보어도 될 수 있다.

去火车站往南走. 기차역 가려면 남쪽으로 간다.
他为什麽往回走? 그는 왜 되돌아가니?
火车开往哪儿? 기차가 어디로 가니?
他一直往东走了. 그는 곧장 동쪽으로 걸어갔다.

⑧ 由

'~로부터, ~에서' 등 행위나 동작이 시작하는 시간, 장소의 시점, 근원을 표시할 수 있다.

由明年一月开始执行新方案. 내년 1월부터 새로운 방안을 실시한다.
下午两点, 由公司乘车出发. 오후 2시 회사에서 차를 타고 출발한다.
火车费由个人负担. 기차경비는 개인이 부담한다.
这个会议由谁招集? 이 회의는 누가 소집하니?

⑨ 给

'~에게' 행위 동작의 대상을 나타낸다. 동작의 수익자, 수해자 모두 동사의 앞이나 뒤에 올 수 있다.

他给我们介绍经验. 그는 우리에게 경험을 소개해 주었다.
大不起, 这本书给你弄脏了. 당신 책을 더럽혀서 미안하다.
那本书给人借走了. 그 책은 다른 사람이 빌려갔다.
我当天就给他写信. 나는 그날 바로 그에게 편지를 썼다.
通知已经寄给他了. 통지문은 이미 그에게 붙였다.

⑩ 打

'~에서' 동작이 발생한 지점을 나타내며, 구어체로 지방색채가 강하다.

打明天起, 不用你来照顾我了. 내일부터 네가 나를 돌 볼 필요가 없다.
小明打屋子里跑了出来. 소명이는 방에서 달려 나왔다.

⑪ 沿(着), 顺(着), 随(着)

'~에 따라, ~을 끼고' 동작이 진행하는 노선을 이끌어내며, 뒤에 河, 路, 街 등 방향이나 노선의 단어가 온다.

沿着铁路走十分钟就是火车站. 철도를 따라 10분 걸으면 기차역이다.
你们可以顺(着)这条江走,二十分就到了. 이 강을 따라 20분 걸어가면 도착할 수 있다.

⑫ 当

'~할 때' 행위 동작이 발생한 시간을 나타낸다. 뒤에 的时候, 时가 오며, 문두에 온다.

当听说我能来北京学习时, 我高兴得哭了.

나는 북경에서 공부할 수 있다고 들었을 때 기뻤다.

当大家在休息时, 他已经来到旅馆了.

모두 휴식하고 있을 때, 그는 이미 여관에 도착했다.

⑬ 对

'~에 대하여' 对, 跟(和), 给은 행위 동작을 나타낸다. 동작과 관련된 대상을 가리킬 때 서로 바꾸어 쓸 수 있다.

把你的想法对(跟 给)大家一说. 너의 생각을 모두에게 한 번 말해라.

老师对我说明天考试. 선생님이 나에게 내일 시험을 본다고 말씀하셨다.

她对人很热情. 그는 사람들에게 따뜻하게 대한다.

⑭ 关于

'~에 관하여' 사물이 행위 동작과 관련된 것을 이끌어 낸다.

关于我们的学习方法, 老师说有很多毛病.

우리 학습방법에 관하여 선생님은 문제를 지적했다.

今天大家都认真地谈了关于节约的问题.

오늘 모두 절약문제에 관해 진지하게 얘기했다.

⑮ 至于

'~에 관해서는' 원래의 화제 이외에 다른 화제를 이끌어 낸다.

这只是我个人的想法, 至于行不行, 还得看大家意见.

이것은 내 개인의 생각일 뿐, 되고 안되고는 모두의 의견을 들어봐야 한다.

至于房子, 单位暂时解决不了. 주택에 대하여 직장에서는 당분간 해결할 수 없다.

⑯ 跟, 和 · 同

'~과, ~에게' 행위 동작의 대상을 나타낸다.

他跟我很好. 그는 나와 매우 사이가 좋다.

我跟他学习汉语. 나는 그에게 중국어를 배운다.
我跟他一起学习. 나는 그와 함께 배운다.

⑰ 为, 为了, 为着
'~을 대신하여, 위하여' 행위 동작의 봉사 대상을 나타내며, '~ 때문에' 원인을 표시한다.

我为他办点儿事儿, 心里很痛快.
내가 그를 대신해 일을 처리하니 마음이 아주 편하다.
那天他为大家准备了很多酒. 그날 그는 모두를 위해서 많은 맥주를 준비했다.

⑱ 替
'~을 위하여, ~에게' 명사나 대명사와 전치사구를 이루어 동작 행위의 대상을 나타낸다.

下午去商店的话, 替我买两瓶啤酒来. 오후에 상점에 가면 맥주 2병만 사와라.
我今天替张教授讲课. 나는 오늘 장교수를 대신해서 수업한다.

⑲ 把
'~을' 주로 행위 동작 대상을 이끌어내며 강조의 의미를 갖는다.

他把课文念得很熟. 그는 본문을 매우 잘 읽는다.
请你把你的经验谈谈. 너의 경험을 좀 이야기해 봐라.

⑳ 叫
'~에 의하여' 행위 동작의 주체를 이끌어 낸다. 让의 용법과 같다.

那对花瓶叫人拿走了. 그 꽃병은 다른 사람이 가져갔다.
他让汽车撞伤了. 그는 자동차에 치어 다쳤다.

㉑ 被
'~에 의하여' 행위 동작의 주체를 이끌어 내며. 被 뒤의 주체자는 생략할 수 있다.

我被老师批评了. 나는 선생님에게 혼났다.
衣服被雨淋湿了. 옷이 비에 젖었다.

㉒ 比

'~에 비하여, 보다' 두 사람이나 두 사물을 비교하여 그 성질이나 정도의 차이를 설명하고자 할 때, 전치사 比를 사용한다. 부정형은 전치사 "比" 앞에 부정사 不를 붙인다.

书比杂志多. 책이 잡지보다 많다.
他不比我高. 그는 나보다 키가 크지 않다.

㉓ 按(照)

'~대로, 의하여' 조건, 규정, 표준을 따름을 표시한다.

我应该按原则办事. 나는 원칙대로 일을 처리해야 한다.
既然这样, 就按你的意见办吧. 이미 이렇게 된 이상 너의 의견대로 처리해라.

㉔ (根)据

'~에 의하여, 근거하여, 의거하여' 등 어떤 사물이나 동작을 근거로 함을 나타낸다. 주로 주어 앞에 위치한다. 本着, 据, 根据, 凭, 凭着 등이 있다.

据调查, 他一天前已经回国了. 조사에 의하면 그는 하루 전에 이미 귀국했다.
根据你的能力, 你可以通过了. 너의 능력에 의거하여 통과할 수 있다.

02 접속사

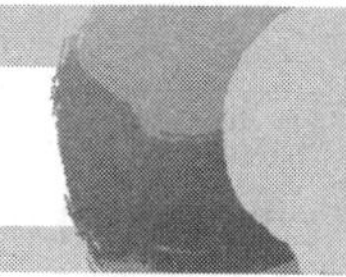

접속사는 문장성분이 될 수 없다. 주로 단어와 단어, 구와 구, 절과 절 등을 연결하여 문장을 구성한다. 두 개의 절은 하나의 접속사를 사용하여 연결할 수 있고, 서로 호응하는 두 개의 접속사를 사용하여 연결할 수 있다. 이외에 단어와 구를 연결하여 연접, 점층, 선택, 전환, 인과 조건 등의 논리관계를 나타낸다. 두 개의 절을 연결할 때 화자의 주장은 일반적으로 주절에 있다. 주절과 종속절의 주어가 같으면 접속사는 주어 뒤에 오고, 다르면 주어 앞에 접속사가 온다.

1) 연합관계 접속사 : 연결된 두 개의 단어, 구 등이 대등한 관계

(1) 병렬 관계 : 두 개 이상의 단어나 문장을 연결해 동시에 일어나는 일을 묘사

和 ~와　跟~와　同~와　与~와　及~와　以及~와　并~와　而~와

(2) 연접 관계 : 순서에 따라 연속 나타나는 상황이나, 동작을 설명하는 관계

于是 그래서　然後 그런 후에　然而 그러나　那么 그러면　接着 이어서

(3) 점층 관계 : 뒷 절이 앞 절보다 발전된 동작이나 상황

不但 ~뿐 아니라　而且 게다가　并且 또한　不仅 ~뿐 아니라　不光 ~뿐 아니라
不单 ~뿐 아니라　不只 ~뿐 아니라　何况 하물며　况且 게다가　尚且 ~조차

(4) 선택 관계 : 둘 이상의 절에서 한 가지를 선택하는 관계

还是 ~아니면　或者 ~아니면　或 그렇지 않으면　或者 ~아니면

2) 주종관계 접속사 : 연결된 단어, 구, 절이 전환, 가정, 인과, 원인 등 주종 관계

(1) 전환 관계 : 앞뒤의 내용이 서로 반대되는 관계

但是 그러나　可是 그러나　不过 그러나　虽然 비록~지만　尽管 비록~라도
固然 물론~지만　而反 도리어

(2) 가정 관계 : 앞 절은 가정, 뒷 절은 결과를 나타내는 관계

即使 설령~하더라도　若如 만약　如 만약　如果 만약　若 만약　如若 만약
若是 만약　要是 만약　倘 만약　倘如 만약　倘使 만약　倘若 만약

(3) 인과 관계 : 앞 절은 원인, 뒷 절은 결과를 나타내는 관계

因为~때문에　所以 그래서　因此 그래서　因而 그래서　既然~한 이상

由于~때문에

(4) **조건 관계** : 앞 절은 조건을 제시, 뒷 절은 결과를 나타내는 관계

只要~하기만 하면　只有오직~해야만　不管~을 막론하고　无论~을 막론하고

(5) **목적 관계** : 목적 달성을 위한 행동이나 방법

以便~하도록　省得~하지 않도록　以免~하지 않도록　免得~하지 않도록

3) 전속사의 특징과 기능

접속사는 문장에서 단어와 단어, 구와 구, 문장과 문장을 연결한다. 단지 접속관계를 나타내며, 전치사, 부사와 달리 수식기능을 할 수 없다. 전치사는 명사, 명사구와 함께 전치사구를 만들어 문장성분이 될 수 있으나, 접속사는 연결관계만을 나타낸다.

李老师跟我是北京人. 이선생님과 나는 북경 사람이다.
你想喝咖啡还是喝可口可乐? 너는 커피 마실래 아니면 콜라 마실래?
明天你无论来还是不来, 我都会在家里等你.
내일 당신이 오던 안 오던 관계없이 저는 집에서 당신을 기다릴 것이다.

03 조사

조사는 단어・구 혹은 문장에 붙어서 부가적인 의미를 나타내는 단어이다. 단독으로 사용될 수 없으며, 일반적으로 경성으로 읽는다.

1) 동태조사

동사 뒤에 붙어서 동작의 완료, 진행, 경험을 나타낸다. 대표적인 동태동사로는 "了, 着,

过” 등이 있다.

① ‘了’는 동사 뒤에 놓여 동작이나 행위의 완료, 사건이나 상황의 발생 변화를 나타낸다.

他喝了一杯咖啡. 그는 커피를 한 잔 마셨다.
他在韩国工作了两年. 그는 한국에서 2년 동안 일을 했다.
我能看中国小说了. 나는 중국소설을 읽을 수 있다.
春天到了. 봄이 되었다.

미래 어느 시점에 동작이 완료될 것을 나타낸다.

明天下午下了课我们去哪儿? 내일 오후 수업이 끝나면 우리 어디 갈까?

부정형식은 동사 앞에 没를 붙이며, 동작의 완성을 묻는 정반의문문은 “동사 + 了没有”와 “동사 + 没 + 동사”로 나타낸다.

汉语课开始了没有? 중국어 수업이 시작했니?
你写没写信? 편지를 다 썼니?

② 着은 동사 뒤에 쓰여 동작이나 상태가 진행을 나타낸다.

桌子上放满了书, 报和杂志. 책상 위에 책, 신문, 잡지가 가득 놓여 있다.
大树下坐着几位老人. 큰 나무 밑에 노인 몇 분이 앉아 있다.

③ 过는 동사 뒤에 붙어 동작이 과거에 발생한 적이 있음을 나타낸다.

我去过中国. 나는 중국을 간적이 있다.
我去中国玩儿过两次. 나는 중국에 두 번 놀러 간적이 있다.

2) 구조조사

단어나 구의 뒤에 붙어 문법관계를 나타낸다. 대표적인 구조조사로는 관형어와 중심어를 연결해 주는 的와 형용사를 부사화시키는 地 및 중심어와 보어를 연결해 주는 得이 있다.

① 的는 관형어와 중심어를 연결하는 표지이다. 관형어 뒤의 的는 명사, 대명사, 형용사, 동사, 주술구 등의 뒤에 붙어 "的"자구를 이룬다. 그 성질과 역할은 하나의 명사에 상당한다.

这本小说是中文的, 那本小说是英文的.
이 소설은 중국어로 되어 있고, 저 소설은 영어로 되어 있다.
那本词典是从图书馆借来的. 이 사전은 도서관에서 빌려온 것이다.

的자구의 문장 속에서 주어 혹은 목적어가 될 수 있다.

穿白衬衫的是我弟弟. 흰 옷을 입은 사람이 내 동생이다.
这本《汉英词典》是王老师的. 이 한영사전은 왕선생 것이다.

② 地는 동사 혹은 형용사의 앞에 쓰여 그 앞의 성분이 동사 혹은 형용사를 수식하는 부사어임을 나타낸다. 이음절 형용사와 정도부사가 수식하는 단음절 형용사가 부사어가 될 때, 일반적으로 뒤에는 모두 地를 사용한다.

我们愉快地生活在一起. 우리는 유쾌하게 같이 생활한다.
他很准地投进了一个球. 그는 정확하게 골을 넣었다.

③ 得는 동사 혹은 형용사 뒤에서 그 뒤의 성분이 동사 혹은 형용사의 보어임을 나타낸다. 정도나 가능을 나타내는 보어는 그 앞에 일반적으로 得를 사용한다. 또한 得은 조동사와 일반동사로 쓰인다.

他写汉字写得很好. 그는 한자를 잘 쓴다.
这个教室坐得下四十个人. 이 교실은 40명이 앉을 수 있다.

3) 어기조사

어기조사는 吗 嘛 啊 呢 的 了 吧 罢 등이 있다. 일반적으로 문미에 붙어서 의문, 요구, 감탄, 강조, 진술 등의 어기를 나타낸다. 때로는 문장의 중간에 휴지가 있는 곳에 놓이기도 하며, 일반적으로 경성으로 읽는다. 상용되는 어기조사에는 다음과 같은 것이 있다.

你昨天怎么没来啊？ 너 어제 왜 오지 않았냐?
咱们去吃点儿东西吧. 우리 뭘 좀 먹으로 가자.
这个字怎么念呢？ 이 글자는 어떻게 읽니?

04 감탄사

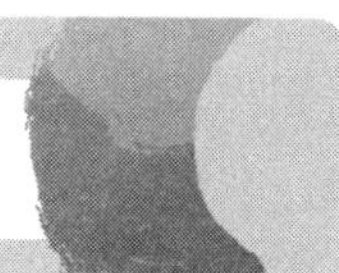

감탄사는 호응과 대답 또 강렬한 감정을 표시하는 단어이다. 독립적인 구절로도 사용되는 것 이외에도 일반적으로 구의 첫 머리에 위치하고, 어떤 때에는 구의 중간이나 구의 끝에 온다. 감탄사는 어조와 결합하여 '동의, 추궁, 놀람' 등을 나타낸다.

啊, 真好啊!	(경이, 감탄)
啊? 你说什麽?	(추궁)
啊? 怎麽回事啊?	(놀람)
啊, 好吧.	(승낙)
啊, 原来是你.	(깨달음)

자주 사용하는 감탄사로 唉 哦 哎 嗯 哼 噢 喂 嗨 咦 哟 呸 哎呀 哈哈 등이 있다.

05 의성사

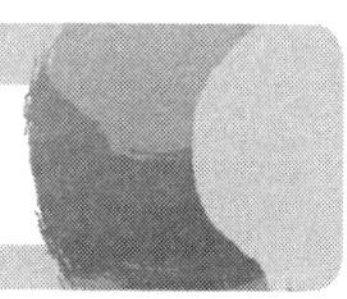

객관적인 사물 혹은 동작의 소리를 모방하거나 각종 정태를 묘사한다. 중첩할 수 있으며 단독으로 사용하거나 문장성분이 될 수 있다.

哗哗 주룩주룩(비 소리)　哗啦 쏴아(비, 물소리)
叮咚 찰랑찰랑(물소리)　轰隆 꽈르릉(뇌성)

心扑扑地跳. 마음이 두근두근 뛴다.
风刮得呼呼的. 바람이 윙윙 분다.

제4장

구

기초 다지기

현대 중국어 문법

제1절

구와 구조

구는 두 개 이상의 단어가 일정한 규칙에 따라 결합하여 글을 지을 수 있는 문법단위를 만든다. 구는 단어보다 크고 하나의 문장을 만드는 언어 단위이다. 이러한 구는 어떠한 종류의 문법관계와 의미관계에 따라서 구분하여 문장을 만든다. 문장의 구조는 구의 구조원칙과 기본적으로 일치한다. 따라서 구에 어조를 넣으면 문장이 된다. 예를 들면 "学语法的人很多" 이 문장의 명사와 명사사이에 어떤 것은 직접적인 관계가 발생하고, 어떤 것은 직접적인 관계가 발생을 하지 않는다. "学"과 "语法", "很"과 "多"는 직접관계가 있고, "学"과 "人", "很"과 "语法"은 직접관계가 없다. 문장은 직접적인 성분으로 구가 결합된 것이다. 그 중 学语法的人, 很多, 学语法的, 学语法는 단어의 결합이며, 우리는 그것을 구라고 부른다. 구에 서술성이 생기면 문장이 된다. 구는 단어보다 큰 단위이며, 문장을 이루지 못한 문법단위이지만 서술성을 갖추면 문장이 된다.

구는 문법연구과정에서 '读, 字群, 扩词, 词结, 仂语, 词组, 短语, 结构 등 다양한 용어를 제기하였다. 구에 대한 용어는 모두 일치하지 않는다. 50년대 문법학자들은 일반적으로 실사와 실사의 조합을 구라 하고, 실사와 허사의 조합을 구조(结构)라고 하였다. 구와 단어의 구분은 문법연구에서 많은 논쟁이 일어나는 문제이다. 어떤 구를 단어로 볼 수 있고, 어떤 단어는 구로 볼 수 있다. 단어와 구의 구조가 기본적으로 일치하기 때문에 분별하기 어려운 것이다. 많은 문법학자들이 서로 다른 조건을 제시하여 단어와 구를 구분하고 있다. 하지만 구와 합성어 사이는 매우 복잡하여 구분하기가 어렵다.

구조 유형		단어	구	문　　장
1	부가구조	棍儿　绿化	看了	吃葡萄吗? 我买了票了.
2	중첩구조	姥姥　微微	休息休息 一个一个	好, 好, 来吧! 来吧!
3	수량구조		一个 这本	十八岁. 第一名.
4	동격구조		老人家您 塑料这种东西	
5	수식구조	红旗　熟爱	新书 仔细看	马上休息! 把书拿来.
6	술목구조	出席　知心	看书 看料一会儿	散会! 可以告诉他.
7	술보구조	扩大　说明	看清楚 看得头痛	看得清楚极了. 冷得我浑身发？
8	연합구조	人民　东西	他和我 看或写	也高兴也不高兴. 既有先进的也有落后的
9	연동구조	听写　耕种	出去散步 坐车回家	写个信去问问. 进来坐坐.
10	겸어구조		请他来 通知他去开会	派谁去? 请他来[illegible]饭
11	주술구조	地震　年轻	他来 天气晴朗	你好! 问题解决了.

제2절

구의 분류

구는 내부 구조에 따라 주술구, 수식구, 보충구, 연합구, 술목구 등으로 나눌 수 있으며, 품사에 따라 명사구, 동사구, 형용사구 등으로 나눌 수 있다.

1) 구의 내부 구조에 따른 분류

(1) 연합구

품사가 같은 두 개 이상의 단어가 조합되어 각 부분의 지위가 대등하게 병렬관계를 나타내는 구이다. 병렬성분의 사이에는 접속사 혹은 부사를 사용한다. 연합구는 문장에서 주어, 술어, 목적어, 관형어, 부사어, 보어로 쓰인다.

명사 + 명사　教师和学生 교사와 학생　战争和平和 전쟁과 평화
대명사 + 대명사 我和你 나와 너　这儿或那儿 여기와 저기
대명사 + 명사　大家和老师 모두와 선생님　我和哲洙 나와 철수
명사 + 대명사　北京和这儿 북경과 이곳　去年和这会儿 작년과 지금
동사 + 동사　讨论并通过 토론하고 통과하다　讨论研究 토론 연구
형용사 + 형용사 勇敢而机智 용감하고 지혜롭다　又高又大 높고 크다

긍정형식과 부정형식의 병렬 역시 연합구이다.

不冷不热　춥지도 덥지도 않다
也高兴也不高兴　기쁘기도 하고 기쁘지 않기도 하다
看不看　보겠니? 看了没有　보았니?

(2) 수식구

수식어 + 피수식어(중심어)

앞의 성분이 뒤의 주요 성분을 수식 혹은 제한한 것을 수식구(편정구조)라고 부른다. 수식어와 중심어 두 개의 성분은 평등한 것이 아니다. 수식구는 두 종류로 나눌 수 있다. 한 종류의 중심어는 명사, 한 종류의 중심어는 동사와 형용사이다. 수식구는 문장에서 주어, 술어, 목적어, 관형어, 부사어, 보어로 쓰인다.

㉮ 중심어가 명사인 경우 : 중심어가 명사이고, 명사, 동사, 형용사, 수량사 등의 수식어를 관형어라 부른다.

명사 + 명사 木头桌子 나무 탁자 人民的生活 인민의 생활
수량사 + 명사 一件衣服 옷 한 벌 一本词典 사전 한 권
대명사 + 명사 我哥哥 나의 형 大家的事情 모두의 일
대명사 + 양사 + 명사 那本书 저 책 这本汉语课本 이 중국어 교재
동사 + 명사 借来的书 빌려 온 책 教育方针 교육방침
형용사 + 명사 温暖的天气 따뜻한 날씨 新书 새 책

㉯ 중심어가 동사, 형용사인 경우 : 중심어는 동사와 형용사이고, 명사, 대명사, 부사, 전치사구, 동사, 형용사, 수량사 등의 수식어를 부사어라 부른다.

명사 + 동사 晚上回来 저녁에 돌아오다 历史地看 역사적으로 보다
부사 + 동사 马上休息 곧 휴식하다 屡次要求 여러 차례 요구하다
전치사구 + 동사 跟他学 그에게 배우다 随我走 나를 따라가다
대명사 + 동사 怎麽办 어떻게 하지 怎样学习 어떻게 배우지
수량사 + 동사 第一次来 처음 오다
형용사 + 동사 热烈欢迎 열렬히 환영하다 明确地规定 분명히 규정하다
형용사 + 형용사 真困难 정말 어렵다 浅绿 옅은 녹색
부사 + 형용사 很勇敢 아주 용감하다 十分高兴 매우 기쁘다
대명사 + 형용사 这麽难 이렇게 어렵다 怎麽样好 어떻게 하면 좋지

(3) 보충구

술어(동작 · 행위 혹은 성질 · 상태) + 보어(보충설명)

술어와 보어 두 부분으로 구성되며, 앞 부분은 동작이나 형상을 나타내고, 뒷 부분은 앞 부분의 동작행위 및 결과, 가능, 정도 등을 보충 설명한다. 보충구는 '得'을 수반하는 정도보어 · 가능보어와 '得'을 수반하지 않는 수량보어 · 결과보어 · 방향보어 · 시태보어로 나눌 수 있다. 보충구는 문장에서 주어, 술어, 목적어, 관형어, 보어로 쓰인다.

동사 + 동사　做完 다하다　拿走 가지고 가다
동사 + 형용사　说清楚 분명히 말하다　写好 잘 쓰다
동사 + 보어　学得好 잘 배우다　高兴极了 아주 기쁘다　跑过去 달려 건너가다
동사 + 전치사구　来自中国 중국에서 오다　放在上面 위에 놓다

(4) 동목구

동사(동작 · 행위) + 목적어(동작 · 행위와 관련된 사물)

술어와 목적어로 구성되며 구의 앞 부분은 동작 또는 상태를 표시한다. 뒷부분은 이러한 동작이나 상태의 영향이나 지배를 받거나 혹은 관련된 대상이다. 동목구는 문장에서 주어, 술어, 목적어, 관형어, 부사어, 보어로 쓰인다.

동사 + 동사　爱唱 노래하는 것을 좋아한다.　做准备 준비를 하다
동사 + 명사　看电影 영화를 보다　来客人 손님이 오다
동사 + 형용사　要求平等 평등을 요구하다　喜欢乾净 깨끗한 것을 좋아하다
동사 + 대명사　找谁 누구를 찾다　教他英语 그에게 영어를 가르치다

(5) 주술구

주어(진술의 대상) + 술어(진술)

주어와 술어로 구성되며 주어는 서술의 대상이고, 술어는 서술의 내용이다. 주술구는 문장에서 주어, 술어, 목적어, 관형어, 부사어, 보어로 쓰인다.

명사 + 동사 学生学习 학생들이 공부한다 气温上升 기온이 올라가다
명사 + 형용사 头发长 머리가 길다 头疼 머리가 아프다
동사 + 동사 参观开始 참관이 시작되다
대명사 + 동사(형용사) 大家去 모두 가다 他努力 그는 노력한다

(6) 전치사구

전치사와 명사, 대명사, 명사성구와 결합한다. 전치사구는 문장에서 주어, 관형어, 부사어, 보어로 쓰인다.

전치사 + 명사(구) 在学校里(学习) 학교에서 공부하다 向屋子外面(走) 집밖을 향해
전치사 + 대명사 给他(写信) 그에게 편지를 쓰다 给我们帮助 우리를 도와주다
전치사 + 동사구 为了搞好这次活动 이번 활동을 잘하기 위해

(7) 的자구

구조조사 的이 단어 또는 구 뒤에 붙어서 구성된다. 的를 가진 수식구에 중심어가 생략되어 형성된 구로 명사성구의 성격을 지닌다.

○ 명사와 的 : 农民的 농민의 것
○ 동사와 的 : 买的 산 것 生产的 생산한 것
○ 형용사와 的 : 大的 큰 것 长的 긴 것
○ 대명사와 的 : 谁的 누구의 것 这样的 이런 것

구조조사 的는 단어 또는 구 뒤에 붙어서 구성된다. 的를 가진 수식구에 중심어가 생략되어 형성된 구로 명사성구의 성격을 지닌다.

(8) 연동구

문장 내부에 하나의 주어를 공유하며 두 개 혹은 두 개 이상의 동작을 나타내는 동사나 동사성구를 연용하여 문법관계를 형성한다.

동작 进屋子坐 방으로 들어가 앉다.
수단, 방법 用笔写字 연필로 글씨를 쓰다 走着去 걸어서 가다

목적 上街买菜 채소를 사러 거리에 나가다
대상 买报看 볼 신문을 사다
원인 有工作做 할 일이 있다

(9) 겸어구

문장 내부에 동목구나 주술구를 같이 사용하여 동목구의 목적어가 주술구의 주어를 겸하여 겸어구조를 구성한다.

请他参加.(请他 + 他参加) 그에게 참가하라고 하다
让弟弟学习.(让弟弟 + 弟弟学习) 동생에게 공부하라고 하다
有人找祢(有人 + 人找祢) 누가 너를 찾고 있다

(10) 동격구

문장 내부에 두 개의 서로 다른 명사성 성분을 연용하여 쓰는데 의미상으로 동일 사물을 지칭한다.

他们五个 그들 다섯 首都北京 수도 북경 我自己 나 자신

(11) 방위구

단어와 구의 뒤에 방위사를 붙여서 시간, 장소를 나타내는 명사구를 만든다.

下班後 퇴근 후 家里 집에서 教室外面 교실 밖에서

(12) 수량구

수사와 양사로 구성되어 있으며, 지시대명사, 형용사를 붙일 수 있다.

两个(馒头) 만두 두 개 这些个 이것들

(13) 고정구

① 구두어에서 습관화 된 숙어

人山人海 不明不白

② 성어

a. 병렬관계 : 百战百胜　　心平气和
b. 진술관계 : 百花齐放　　愚公移山
c. 수식관계 : 世外桃源　　郁郁寡叹
d. 지배관계 : 三顾草庐

	주어	술어	목적어	관형어	부사어	보어
연합구	○	○	○	○	○	○
수식구	○	○	○	○	○	○
동목구	○	○	○	○	○	○
동보구	○	○	○	○		○
주술구	○	○	○	○	○	○
전치사구	○			○	○	○
수량구	○	○	○	○	○	○
동격구	○		○	○	○	
연동구	○	○	○	○		○
겸어구	○	○	○	○		○
的자구	○		○	○		

2) 품사에 따른 분류 (문장론적 기능에 따른 분류)

문장을 만드는 기능에 따라 명사성구, 동사성구, 형용사성구의 세 가지로 나눌 수 있다.

(1) 명사성구

주로 명사, 대명사로 조성된 연합구, 수식구, 동격구, 방위구, 수량구, 的자구 등이 포함된다.

연합구　水果, 饮料和点心 과일, 음료, 간식
수식구　复杂的问题 복잡한 문제
동격구　老王这个人 왕선생

수량구　三个 / 这个 세 개 / 이것
的자구　红的衣服 빨간 옷

(2) 동사성구

주로 동사로 조성된 연합구, 수식구, 술보구, 술목구, 연동구, 겸어구 등이 포함된다.

연합구　研究解决 연구하고 해결하다
동목구　回答问题 문제에 대답하다
수식구　认真思考 진지하게 생각하다
동보구　打扫干净 깨끗이 청소하다
겸어구　叫他来 그를 오라고 하다
연동구　出门看朋友 외출하여 친구를 만나다
주술구　他来了 그가 왔다

(3) 형용사성구

주로 형용사로 조성된 연합구, 형용사를 중심으로 하는 수식구, 술보구 등이 포함된다.

연합구　雄伟而庄重 위대하고 장중하다
수식구　非常漂亮 매우 예쁘다
술보구　漂亮极了 대단히 예쁘다
주술구　前途光明 앞 길이 밝다

기초 다지기

현대 중국어 문법

제5장

문장성분과 문장분석

기초 다지기

현대 중국어 문법

문장은 단어 혹은 구로 구성되는 언어 단위로, 완전하게 갖추어진 의견을 독립적으로 표현할 수 있는 언어의 실제 사용단위이다.

모든 문장은 일정한 어조를 갖는다. 또한 문장과 문장 사이에는 비교적 긴 휴지가 있으며 일정한 문장 부호(마침표, 물음표, 느낌표)로 표시한다. 문장은 언어의 실제 사용 단위이며, 구, 단어, 형태소 등은 문장을 구성하는 문법 단위이다.

그래서 중국어 조어와 조구(글을 짓는)의 구성의 기본은 서로 같다. 그리고 형태소, 단어, 구와 문장의 한계는 결코 절대적이지 않고 자주 위 아래문장에 근거하여 확정된다. 예를 들면, "工作" "图画"는 단어이고, 여기에서 "工" 과 "作", "图" 와 "画"는 형태소이다. 그러나 "作工" 과 "画图"는 구이고, 여기에서 "作" 과 "工", "画" 와 "图"는 단어이다. "去存款" 와"存款去"중에 "存款"는 구이지만, "去提存款"와 "提存款去"중에 "存款"는 단어이다.

"学语法的人很多."는 앞 뒤 문장이 정돈되어 있고, 일정한 어조를 가지고 있고 상대적으로 완전한 의미를 표현한 문장이다. 그러나 다음 두 개의 문장 안에서 "学语法的人很多"는 구이다.

我相信学语法的人很多. 나는 문법을 공부하는 사람이 매우 많다고 믿는다.

学语法的人很多是一种好现象.

문법을 공부하는 사람이 매우 많은 것은 좋은 현상이다.

제1절

문장성분

문장성분이란 문장 속에서 단어와 구가 일정한 문법관계에 의해 구성된 것으로 문장에서 위치와 의미 관계에 따라 일반적으로 주어, 술어, 목적어, 보어, 관형어, 부사어 여섯 가지 성분으로 나눌 수 있다.

- ▸ 주요성분 ………………………………………… 주어, 술어
- ▸ 연대성분(서술어와 연대성을 지님) ………… 목적어, 보어
- ▸ 부가성분(어느 요소에 부가되는 성분) …… 관형어, 부사어

01 주어와 술어

주어는 술어의 동작, 행위, 서술, 묘사 대상이고, 술어는 주어에 대한 서술, 묘사를 나타낸다.

'누가 무엇을 하다, 누가 어떻다, 무엇이 무엇을 하다, 무엇이 무엇이다.'의 형식이다. 화자가 진술하려는 '누구'나 '무엇'에 해당하는 앞부분이 주어이며, 주어가 '어떻다, 무엇을 하다' 또는 '무엇이다'라고 설명하는 뒷부분이 술어이다. 주어로 쓰일 수 있는 성분은 일반적으로 명사나 대명사, 구이며, 술어로 쓰일 수 있는 성분은 일반적으로 동사나 형용사. 구 등이다.

주어 : 동작의 주체　　　술어 : 동작, 행위

学生们 ‖ 都站起来了. 학생들은 모두 일어났다.
他们 ‖ 正在学习汉语. 그들은 중국어를 공부하고 있다.

주어 : 묘사, 기술의 대상　술어 : 상황의 묘사, 서술

花 ‖ 很漂亮. 꽃이 아름답다.
那本书 ‖ 已经出版了. 그 책은 이미 출판됐다.

1) 주어의 구성

주어로 쓰이는 품사는 명사와 대명사가 대표적이고, 이 밖에 수사, 동사, 형용사나 구도 쓰일 수 있다.

(1) 명사

学生们都到了. 학생들은 모두 도착했다.
北京是中国的首都. 북경은 중국의 수도이다.
今天是十月一日. 오늘은 10월 1일이다.

(2) 대명사

我来过这儿. 나는 여기에 온 적이 있다.
我不认识他. 나는 그 사람을 모른다.
他最喜欢听音乐. 그는 음악 듣는 것을 가장 좋아한다.

(3) 동사

学习很重要. 학습은 매우 중요하다.
旅行是一种有意义的活动. 여행은 의미있는 활동이다.

(4) 형용사

细心是他的特点. 세심한 것이 그의 특성이다.
短一点儿好看. 좀 짧은 것이 보기 좋다.

(5) 중첩된 양사

个个都是好青年. 각각 모두 훌륭한 청년이다.
件件完好无损. 모두 전혀 부족한 데가 없다.

(6) 수사 및 수량구

一年是三百六十五天. 1년은 365일이다.
一件衣服多少钱? 한 벌에 얼마이니?

(7) 연합구

我和他是中国人. 나와 그는 중국인이다.
参观访问可以增长知识. 참관하고 방문하는 것은 지식을 늘릴 수 있다.

(8) 주술구

我们明天去比较合适. 우리는 내일 가는 것이 적합하다.
颜色淡一点儿更好. 색이 좀 연한 것이 더욱 좋다.

(9) 동목구

爬山对身体很有好处. 등산은 몸에 장점이 있다.
骑自行车要注意安全. 자전거를 타는 것은 안전에 주의해야 한다.

(10) 수식구

能去最好, 不去也没关系. 갈 수 있으면 가장 좋고, 가지 않아도 괜찮다.
早睡早起是个好习惯. 일찍 자고 일찍 일어나는 것은 좋은 습관이다.

(11) 보충구

说起来容易. 말하기 쉽다.
厚一点更好. 좀 두터우면 더욱 좋다.

(12) 방위구

村子里有很多农器具. 시골에 농기구가 많다.
火车站外面是一个广场. 기차역 밖이 광장이다.

(13) 동격구

你们的老师张先生要见你们. 너희 선생인 장선생이 너희를 만나려고 한다.

(14) 的구자

红的最好看. 빨간 것이 가장 보기 좋다.
他说的还是不假的. 그가 말한 것은 거짓이 아니다.

2) 술어의 구성

술어로 쓰이는 품사는 동사, 형용사, 명사, 대명사 또는 구도 쓸 수 있다.

(1) 동사

他们来了. 그들이 왔다.
他最近访问了很多地方. 그는 최근에 많은 곳을 방문했다.

(2) 형용사

今天天气很冷. 오늘 날씨가 매우 춥다.
上课的内容都很重要. 수업한 내용은 모두 아주 중요하다.

(3) 대명사

他怎麽啦? 그는 어떻게 됐어?
那个事情怎麽样? 그 일은 어떠니?

(4) 명사

今天星期三. 오늘은 수요일이다.
他才十九岁. 그는 겨우 19살이다.

(5) 연합구

运动员的身体又高又壮. 운동선수의 몸이 크고 건장하다.

(6) 주술구

那个人我认识. 그 사람은 내가 안다.
这个孩子胆子大. 이 아이는 담력이 크다.

(7) 수식구

那个人好本领. 그 사람은 훌륭한 재주가 있다.
这个孩子坏脾气.. 이 아이는 나쁜 성질이 있다.

(8) 수량구

娥三十, 他二十. 나는 30, 그는 20이다.

苹果五斤, 梨三斤. 사과 5근, 배 3근

(9) 연동구, 겸어구

张老师来找我们. 장선생님은 우리를 찾아 왔다.
我叫他买东西去了. 나는 그를 물건 사러 보냈다.

02 목적어

목적어는 기타 成分에 의지하지 않고, 직접 동사 뒤 또는 동사와 의미관계가 있는 문장성분에 위치하여 동작, 행위가 미치는 사람이나 사물을 표시한다. 즉 문장에서 동사의 지배를 받으며 동작이 언급하는 대상이 되는 '누구, 무엇, 어디' 등에 해당하는 성분을 말한다. 서술어가 형용사나 자동사인 경우 목적어를 동반할 수 없다.

1) 목적어의 구성

(1) 명사, 대명사, 명사구

老师教汉语. 선생님은 중국어를 가르친다.
你在做什麼? 너는 무엇을 하고 있니?
我见了许多没有见过的东西. 나는 예전에 보지 못했던 많은 물건을 보았다.

(2) 수사, 수량사

二加二等于四. 2더하기 2는 4이다.
他买了许多电影票, 给我留了两张. 그는 극장표를 많이 사서 나에게 2장을 주었다.

(3) 동사, 동사성구

学生们每天早上八点开始学习. 학생들은 매일 아침 8에 수업이 시작된다.
对我们的意见她表示同意. 우리 의견에 그는 동의했다.
他很喜欢听音乐. 그는 음악 듣는 것을 좋아한다.

(4) 형용사, 형용사성구

老师从来不怕麻烦. 선생님은 지금까지 번거로운 것을 피한 적이 없다.
他觉得十分高兴. 그는 아주 기쁘게 생각한다.

(5) 주술구

我相信你不会骗我们. 나는 네가 우리를 속이지 않을 것이라 믿는다.
我知道他今天回来. 나는 그가 오늘 돌아온다는 것을 안다.

(6) 전치사구

我最後一次见到他是在上海. 내가 그를 마지막으로 만난 것이 상해에서이다.
他没来上课是由於身体不好. 그가 수업에 오지 않은 것은 몸이 안 좋았기 때문이다.

(7) 的자구

这是我朋友的. 이 분은 내 친구이다.
我喜欢黄的, 他喜欢红的, 나는 노란 것을 좋아하고, 그는 빨간 것을 좋아한다.

2) 목적어의 종류

(1) 대상 목적어 : 술어가 나타내는 행위, 동작의 목적을 말한다.

现在我学习汉语. 지금 나는 중국어를 배운다.

(2) **결과 목적어** : 술어가 나타내는 행위, 동작이 직접 미쳐 생성된 결과을 말한다.

他们又盖了房子. 그는 또 집을 지었다.

(3) **전성 목적어** : 술어가 나타내는 행위, 동작에 의해 이루어진 대상을 말한다.

弟弟当了老师. 동생은 교사가 되었다.

(4) **도구 목적어** : 술어가 나타내는 행위, 동작이 무엇에 의해 이루어졌는가 하는 대상을 말한다.

你吃大碗, 我吃小碗. 너는 큰 그릇으로 먹고, 나는 작은 그릇으로 먹는다.

(5) **장소 목적어** : 술어가 나타내는 행위, 동작의 장소를 말한다.

我进中学, 哥哥上大学. 나는 중학교에 들어갔고, 형은 대학에 다닌다.

(6) **수용 목적어** : 술어가 나타내는 행위, 동작을 수용하는 대상을 말한다.

这个房间可以住五个人. 이 방은 다섯 사람이 살 수 있다.

(7) **판단 목적어** : 판단 동사가 나타내는 대상을 말한다.

他是老师, 我是学生. 그는 교사이고, 나는 학생이다.

(8) **존재, 출현, 소실 목적어** : 술어가 나타내는 행위, 동작, 상태가 존재하거나 사라지는 주체를 말한다.

书架上不见了一本书. 책꽂이에 책이 한 권 없어졌다.
他说,今天家里来很多客人, 所以不能来.
그는 오늘 집에 손님이 많아 올 수 없다고 하였다.
这儿没有热水. 여기에 더운 물은 없다.

(9) **이중목적어** : 간접목적어는 사람, 직접목적어는 사물을 나타낸다.

他送我一个生日礼物. 그가 나에게 생일선물을 보냈다.

03 관형어와 중심어

관형어는 명사, 명사성 단어 앞에 쓰여 이를 수식, 한정하는 성분이다. 관형어는 중심어(피수식어) 앞에 놓여 중심어의 성질・형상・재료・수량・소유・장소・시간・범위 등을 나타내는 성분이다. 피수식어인 중심어는 수식어에 비해서 문법적으로 중요하다.

1) 주어의 관형어

관형어(수식어) + 주어(피수식어=중심어) + 동사 + (목적어)

他朋友是一个演员. 그의 친구는 배우이다.
休息的地方很多. 쉴 곳이 아주 많다.

2) 목적어의 관형어

주어 + 동사 + 관형어(수식어) + 목적어(피수식어=중심어)

参观的人都住南边的楼上. 구경하는 사람은 모두 남쪽 건물에 거주한다.

3) 관형어의 종류

관형어는 수식 또는 한정하는 의미에 따라 다음과 같이 묘사성 관형어와 한정성 관형어로 나눌 수 있다.

(1) 묘사성 관형어

묘사성 관형어는 중심어 앞에 놓여 중심어의 성질・상태・특징・재료 등을 나타낸다.

她已经是三个孩子的母亲了. 그녀는 이미 세 아이의 어머니이다.
他是一个勇敢的人. 그는 용감한 사람이다.

(2) 한정성 관형어

한정성 관형어는 중심어 앞에 놓여 수식어가 시간・장소・소속・범위・수량 등을 나타내고, 주어나 목적어에 대하여 한정하는 것이다.

是晚上七点的车票. 이것은 저녁 7시 차표이다.
我们游览了西安的名胜古迹. 우리는 서안의 명승지를 구경하였다.

4) 관형어의 구성

(1) 명사

① 명사로 된 관형어가 종속관계를 표시할 때, 또는 시간・장소명사가 관형어로 될 때, 일반적으로 뒤에 '的'를 쓴다.

安娜的房间在二层. 안나의 방은 이층에 있다.
上边的报纸是新的,下边的是旧的.
윗 쪽의 신문은 새것이고, 아랫 쪽의 신문은 지나간 것이다.

② 관형어로 된 명사는 중심어의 성질을 설명하고, 일반적으로 的를 쓰지 않는다.

他是英国人. 그는 영국사람이다.
墙上挂着世界地图. 벽에 세계지도가 걸려있다.

(2) 대명사

① 관형어로 된 인칭대명사가 종속관계(소속, 소유관계)를 나타낼 때, 일반적으로 뒤에 的를 쓴다. (관형어 + 的 + 中心语)

他的书是新的. 그의 책은 새것이다.
大家的事情大家干. 모두의 일은 모두가 한다.

② 중심어가 친족(사람에 대한 호칭)이나 소속기관의 명칭을 나타낼 때에는 일반적으로 的를 사용하지 않는다.

这是我姐姐. 이 분은 나의 누님이다.
他们班有十二个同学. 그들 반에는 열 두명의 급우가 있다.

③ 지시대명사와 양사가 관형어로 되었을 때는 的를 사용하지 않는다.

这本杂志是我从图书馆借的. 이 잡지는 내가 도서관에서 빌린 것이다.
我朋友住那间屋子. 내 친구는 저 집에 산다.

(3) 수사 · 수량사

일반적으로 수사가 관형어일 때는 '的'를 사용하고, 수량사가 관형어일 때는 的를 사용하지 않는다.

四的二倍是多少? 4의 두 배는 몇이니?
我朋友送给我一本画报. 내 친구는 나에게 화보 하나를 보내 주었다.

(4) 형용사

① 단음절 형용사가 관형어로 사용될 때, 的를 사용하지 않는다.

他们两个是好朋友. 그들 두 사람은 좋은 친구이다.
给我一杯冷水. 나에게 냉수 한 잔을 주었다.

② 이음절 형용사가 관형어로 사용될 때, 일반적으로 뒤에 的를 쓸 수도 있고 생략할 수도 있다.

这是个古老的传说. 이것은 오래된 전설이다.
他们过上了幸福(的)生活. 그들은 행복한 생활을 보냈다.

③ 형용사 多, 少가 관형어일 때는 很, 不를 덧붙이고 뒤에 的를 쓰지 않는다.

很多(的)同学都看电视. 매우 많은 급우들은 TV를 본다.
我了解了不少(的)情况. 나는 많은 상황을 이해하였다.

(5) 동사

① 동사가 관형어로 사용될 때, 일반적으로 그 뒤에 的를 쓴다.

昨天我们去参观工厂,参观的人很多.
어제 우리는 공장을 참관하러 갔는데, 참관하는 사람이 매우 많았다.
这是谁买的书? 이것은 누가 산 책이냐?

② 그러나 수식관계의 이음절 동사는 일반적으로 的를 사용하지 않는다.

劳动人民作了国家的主人. 노동인민은 국가의 주인이 되었다.
今天有一个庆祝晚会,你来参加吗? 오늘 경축연회가 있는데, 너는 참가하느냐?

(6) 동사구

동사구조가 관형어가 되면 뒤에 的를 쓴다.

星期日去公园的人很多. 일요일에 공원을 가는 사람이 매우 많다.
对面跑过来的人是谁? 맞은 편에서 달려온 사람은 누구이냐?

(7) 주술구가 관형어가 되는 경우

他买来的自行车很好. 그가 사가지고 온 자전거는 매우 좋다.
全州是一个风景美丽的地方. 전주는 풍경이 아름다운 곳이다.

(8) 전치사구

我不同意你对这个问题的看法. 나는 당신의 이 문제에 대한 견해에 동의하지 않는다.

04 부사어

술어(동사, 형용사)를 수식하거나 제한하는 단어 또는 구를 부사어라 한다. 따라서 부사어를 찾으려면 먼저 술어를 찾아야 한다. 부사어는 중심어의 시간, 장소, 정도, 범위, 태도, 원인, 대상, 중복, 긍정, 부정, 주동, 피동 등을 나타낸다.

1) 동사 앞의 부사어

▸ 부사어 + 중심어(동사술어)

他昨天参加了一个招待会. 그는 어제 초대회에 참가했다.
他很关心大家的健康. 그는 모두의 건강에 매우 관심이 있다.
今天他又打了一个电话. 오늘 그는 또 전화를 했다.

2) 형용사 앞의 부사어

* 부사어 + 중심어(형용사 술어)

他对人很热情. 그는 사람에게 매우 열정적이다.
他说话的声音不大. 그가 말하는 소리가 작다.

3) 부사어의 구성

부사어는 보통 부사, 형용사, 전치사구 및 시간명사, 장소명사로 구성된다.

(1) 부사

他很喜欢这种花. 그는 이 꽃을 매우 좋아한다.
他曾经来过这个城市. 그는 일찍이 이 도시를 온 적이 있다.

(2) 전치사구

这件事由他负责. 이 일은 그가 책임진다.
这篇论文的内容比那篇丰富. 이 논문의 내용은 저 논문보다 풍부하다.

(3) 명사(시간명사 · 방위명사)

我们明年毕业. 우리는 내년에 졸업한다.
你里边坐一会儿. 네가 안으로 좀 앉아라.

(4) 동사

大家注意地听着. 모두 주의 깊게 듣고 있다.
他知道了结果, 才放心地回家去了. 그는 결과를 알고서야 안심하고 집으로 돌아갔다.

(5) 형용사

他高兴地笑了. 그는 기쁘게 웃었다.
他轻松地唱了一个歌. 그는 가볍게 노래 한 곡을 불렀다.

(6) 대명사

你这里坐! 너 이쪽에 앉아라!
你不该这样说. 너는 이렇게 말해서는 안 된다.

(7) 고정구

大家你一言我一言地说个没完. 모두 한마디씩 말하는데 끝이 없다.

4) 부사어의 종류

(1) 시간부사어 : 동작이 발생하거나 상황이 출현하는 시간을 나타낸다. 시간부사어는

부사, 시간명사, 전치사구 및 시간을 나타내는 구 등으로 구성된다.

他已经从上海回北京了. 그는 벌써 상해에서 북경으로 돌아왔다.

(2) **장소부사어** : 행동이나 사건이 일어난 장소를 나타내며 주로 전치사구로 구성된다.

我在东方大学学习汉语. 나는 동방대학에서 중국어를 공부한다.

(3) **정도부사어** : 사람이나 사물의 모습, 상태가 어느 정도에 도달했는가를 설명한다. 정도부사어는 보통 부사로 구성되며 형용사나 심리동사를 수식한다.

上海的交通挺方便. 상해의 교통은 아주 편리하다.

(4) **기점부사어**

演出从晚上七点锺开始. 공연은 저녁 7시부터 시작한다.

(5) **방식부사어** : 동작이 어떠한 방식으로 진행되는가를 설명한다. 주로 형용사와 부사가 쓰인다.

我们一起复习语法,大家互相帮助. 우리는 함께 문법을 복습한다. 모두 서로 돕는다.

(6) **방향부사어**

去北京大学往哪儿走? 북경대학에 가려면 어디로 갑니까?

(7) **대상부사어**

他不断地向我招手. 그는 계속해서 나를 불렀다.

05 보어

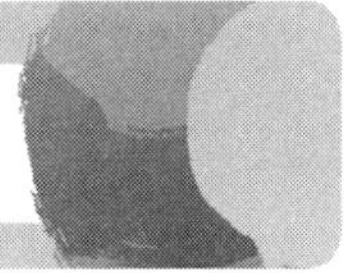

보어는 술어의 뒤에 위치하여 동사 형용사 등의 술어를 수식하는(보충설명) 작용을 한다.

일반적으로 동작의 정도, 가능, 결과, 상태, 방향, 수량 등을 표시한다.

1) 보어의 종류

보어는 동사나 형용사의 뒤에 위치하여 주로 동사나 형용사를 보충설명하는 성분이다. 보어는 뜻과 구조의 특징에 따라 다음과 같이 나눌 수 있다.

(1) 정도보어

동사나 형용사의 뒤에서 동작이 도달한 정도를 보충 설명하는 성분을 정도보어라 한다. 즉 하나의 동작이 어느 정도에 도달했는가 또는 어떤 결과에 이르렀나를 나타낸다.

기본형식

긍정문　주어　동사 + 得 + 정도보어
他　写　得　很好.
他　说　得　很流利.
你念得好, 他写得好.

부정문　주어　동사 + 得 + 정도보어(不 + 形容词)
他　写　得　不好.
他　说　得　不流利.

의문문　他来得早吗? 他来得早不早?

목적어	주어	동사 +	목적어 +	동사 +	得 +	정도보어
	他	写	汉字	写	得	很好.
	他	说	汉语	说	得	很流利.

특 징

가. 동사와 정도보어 사이에는 구조조사 '得'를 써야 한다.
나. 정도보어는 주로 형용사이다.
다. 정도보어에 목적어가 있으면 동사를 반복한 다음 동사 得과 보어를 붙이는데, 앞의 동사는 생략할 수 있다.
라. 부정문을 만들 경우 '不'를 동사나 형용사 앞에 놓지 않고 보어 앞에 놓는다.

① 정도보어와 명령문

请大家站得紧一点儿. 모두들 좀 좁혀 서라.
请你说得具体一点儿. 좀 구체적으로 말해라.

② 정도보어와 비교문

他做菜做得比他爱人好. = 他做菜比他爱人做得好.
그는 요리를 그의 부인 보다 잘 한다.
我家离学校比他家远得多. 우리집은 그의 집보다 학교에서 훨씬 멀다.

③ 정도보어와 동사구

他高兴得跳起来. 그는 기뻐서 펄쩍 뛰었다.
他们感动得不得了. 그는 매우 감동했다.

(2) 결과보어

동사 뒤에 붙어서 동작의 결과를 보충하여 설명해 주는 말을 결과보어라고 한다.
결과보어는 항상 형용사나 동사로 충당하고 뒤에 了를 지닌다.
부정형식은 동사 앞에 没・没有를 놓고, 뒤에는 了를 지니지 않는다.

〈결과보어로 사용되는 동사〉

① 到 : 사람이나 사물의 동작이 어떤 지점에 도착했거나, 그 목적에 도달했음을 나타낸다. 동작 행위가 어느 시점 지점에 까지 미치는가를 나타낸다.

他每天晚上都学习到十一点锺. 그는 매일 저녁 11시까지 공부한다.
最大的能放大到几寸? 가장 큰 것은 몇 인치까지 확대할 수 있냐?
开到宾馆门口就可以了. 호텔입구까지 가면 된다.

목적 달성과 결과가 있었음을 나타낸다.

我在词典上查到那个汉字了. 나는 사전에서 그 한자를 찾았다.
在书卓子底下, 找到了一张票. 책상 밑에서 지폐 한 장을 찾아냈다.

② 着 : 동사 着는 어떤 동작이 예정된 목적이나 결과에 도달했음을 나타낸다.

他找着了他的朋友. 그는 그의 친구를 찾아냈다.
我买着钢笔了. 나는 만년필을 샀다.
那本书我没买着, 借着了. 나는 그 책을 사지 않고 빌렸다.

③ 对・错:동작의 결과가 옳고 틀렸음을 나타낸다.

他听错了. 그는 잘못 들었다.
他回答错了. 그는 틀리게 대답했다.
这个字念错了. 이 글자를 틀리게 읽었다.

④ 完:동사 完이 결과보어로 쓰일 경우 모든 동작이 끝났음을 나타낸다.

报告,写完了吗? 보고서를 다 썼느냐?
凤梨, 卖完了. 파인애플을 다 팔았다.
我已经看完了那本小说. 나는 이미 그 소설을 다 보았다.

⑤ 在 : 사람이나 사물이 동작을 통해 어떤 장소에 머물렀음을 나타낸다. 在의 뒤에는 반드시 방향이나 장소를 나타내는 동사의 목적어가 있어야 한다.

你住在几层? 너는 몇 층에 사니?
昨天看电影的时候,你坐在哪儿? 어제 영화 볼 때 너는 어디에 앉아 있었느냐?
坐在客厅里看展示哪. 응접실에 앉아 TV를 보고 있다.

⑥ 住 : 어떤 동작을 통해 목적물이 일정한 자리에 머물고 있음을 나타낸다.

给你铅笔, 拿住, 别掉了. 너에게 준 연필을 꼬옥 쥐고서 떨어트리지 말아라.
你要拉住这根线. 이 실을 잡고 있어야 한다.

⑦ 见 : 동작의 결과가 지각되었음을 나타낸다. 주로 看 · 听 · 闻 등의 뒤에 쓰여 '보이다, 보인다, 보았다, 들리다, 들린다, 들렸다, 냄새가 나다, 냄새 맡다'의 의미로 쓰인다.

孩子们看见我来了, 都非常高兴. 아이들은 내가 온 것을 보자 모두 매우 기뻐했다.
我听见外边下雨了. 나는 밖에 비가 내리는 것을 들었다.
他听见我的声音, 就出来了. 그는 내 목소리를 듣자 곧 나왔다.

⑧ 懂 : 看 · 听 등의 동사 뒤에 붙어 동작의 결과 이해하게 되었음을 나타낸다.

我的话, 你听懂了没有? 나의 말을 듣고 이해하겠니?
我听懂了今天的课文. 나는 오늘의 본문을 듣고 이해했다.
这本英文书, 你看懂了吗? 이 영어책을 보고 이해했니?

⑨ 给 : 어떤 동작의 결과 무엇을 사람에게 주거나 돌아가는 것을 나타낸다.

他送给我一件礼物. 그는 나에게 선물을 하나 보내주었다.
那本书我已经还给他了. 그 책을 나는 벌써 그에게 돌려주었다.

⑩ 好 : 형용사 好는 동사 뒤에서 결과보어로 사용할 수 있는데, 어떤 동작의 완성이나 만족한 상태에 도달하였음을 나타낸다.

写好了信了. 편지를 다 썼다.
我收拾好了行李了. 나는 짐을 잘 챙겼다.
今天的考试考好了. 오늘 시험을 잘 쳤다.

(3) 방향보어

방향보어는 동작의 방향이나 사물의 발전방향을 나타낸다. 단순방향보어와 복합방향보어로 나눌 수 있다.

① 단순방향보어

来(오다), 去(가다)는 단음절로 된 동사이다. 他来(그는 온다), 他去(그는 간다)와 같이 사용되지만 또한 다른 동사 뒤에 붙어서 동작이 이동되는 방향을 나타내는데, 이를 단순방향보어라고 한다. 来는 동작이 말하는 사람을 향해서 오는 경우를 나타내며, 去는 그 동작이 반대 방향으로 진행하는 경우를 나타낸다. 예를 들어 回와 来, 去가 결합하여 回来(돌아오다), 回去(돌아가다)처럼 방향을 나타낸다. 여기에서 来와 去를 방향보어라고 부른다.

外边很冷, 快进来吧. 밖이 추우니 빨리 들어와.
他不在宿舍, 他出去了. 그는 기숙사에 없고, 밖에 나갔다.
张文进城了, 还没有回来. 장문은 시내 갔는데 아직 돌아오지 않았다.

특 징

① 방향보어가 있는 문장을 부정하려면 동사, 형용사 앞에 부정 부사 没有를 사용한다.
② 방향보어가 있는 문장이 목적어를 가지면 상황에 따라 위치는 유동적이다. 동사가 목적어를 갖고 그 목적어가 장소를 나타내는 단어 또는 구일 경우 목적어는 동사와 방향보어의 사이에 둔다. (동사 + 목적어 + 방향보어)

가. 回

回来 돌아오다. 回家来. 집에 돌아오다.
回去 돌아가다. 回家去. 집에 돌아가다.

나. 带

带来 데려오다. 带你来. 너를 데려가다.
带去 데려가다. 带你去. 너를 데려가다.

他拿一本书来了. 그는 책 한 권을 가지고 왔다.
她进教室去了. 그녀는 교실로 들어갔다.
他回宿舍去了. 기숙사로 돌아갔다.

술어가 완료된 동작을 나타낼 때 흔히 목적어는 '来, 去' 뒤에 쓰이며 술어가 미완료된 동작을 나타내거나 명령문일 때 목적어는 '来, 去' 앞에 쓰인다.

他送来一本书.(완료)　他送一本书来.(미완료) 그는 책을 한 권 보냈다.

목적어가 장소를 나타내는 단어 또는 구가 아닐 경우, 목적어는 동사와 보어 사이나 보어 뒤에 올 수 있다.

他要带一些水果去. = 他要带去一些水果. 그는 과일을 좀 가져가려고 한다.

② 복합방향보어

동사 "上, 下, 进, 回, 过, 起, 到"와 "来, 去"가 결합된 방향보어를 복합방향보어라고 한다. 단순방향보어처럼 동사 뒤에서 동작의 진행방향을 나타낸다.

	上	下	進	出	回	過	起	到
来	上来	下来	进来	出来	回来	过来	起来	到…来
去	上去	下去	进去	出去	回去	过去	起去	到…去

他拿下去了.그가 가지고 갔다.
哥哥从卓子上拿起一本杂志来. 형이 책상에서 잡지 한 권을 꺼냈다.
老师昨天从城里买回很多书来了. 선생님이 어제 시내에서 많은 책을 사왔다.

복합방향보어가 장소목적어와 결합하면 방향보어 사이에 넣는다. 사물목적어인 경우 来, 去 앞 뒤에 모두 올 수 있다.

跑进教室去了. 교실로 뛰어 들어갔다.
拿出水果来, 给我看看. = 拿出来水果, 给我看看. 과일을 꺼내서 좀 보여줘라.

了는 문장 끝에 위치하지만 목적어가 없으면 동사 뒤에 올 수 있다.

我昨天爬上这座山去了. 나는 어제 이 산을 올라갔다.
他从楼上跑了下来. 그는 위층에서 뛰어내려왔다.

(4) 가능보어

술어동사 뒤에서 동작이 어떠한 결과나 상황에 도달할 수 있는지의 여부를 보충설명하는 단어나 구를 가능보어라 한다.

기본형식

중심어(술어동사) + 구조조사 "得·不" + 가능보어(동사·형용사·동보구)

做得完 埋得好 出不去 跳得过去

특 징

① 가능보어는 동사, 형용사, 동보구로 충당할 수 있다.
② 가능보어와 중심어 사이에 반드시 구조조사 得을 넣어야 한다.
③ 부정형식은 조사 得을 不로 바꾼다.

가능보어를 사용할 때 주의해야 할 문제

① 결과보어 또는 방향보어와 중심어 사이에 일반적으로 구조조사 得를 붙여 가능보어를 구성할 수 있다. 가능보어는 또한 결과보어나 방향보어의 가능식이라 할 수 있다.

결과보어	추향보어	가능보어
吃完		吃得完
看清楚		看得清楚
	上去	上得去
	走过来	走得过来

② 가능보어의 긍정식은 반드시 구조조사 得을 사용해야 한다. 그렇지 않으면 결과보

어 또는 방향보어로 변하여 의미가 다르게 된다.

我们听得懂你说的话.(懂=가능보어) 우리는 너의 말을 이해할 수 있다.
我们听懂你说的话了.(懂=결과보어) 우리는 너의 말을 이해했다.
这座山我爬得上去.(上去=가능보어) 이 산을 올라갈 수 있다.
这座山我昨天爬上去了.(上去=방향보어) 이 산을 어제 올라갔다.

부정식은 得을 不로 바꾸어야 한다.

我们听不懂你说的话. 우리는 너의 말을 이해할 수 없다.
这座山我爬不上去. 이 산을 올라갈 수 없다.

③ 가능보어와 목적어의 위치

㉠ 목적어는 직접 가능보어 뒤에 놓을 수 있다.

我看得清楚黑板上的字. 칠판 위의 글씨가 잘 보인다.
他吃不下东西了. 그는 이걸 다 먹을 수 없다.
我拿不了这麼多书. 이렇게 많은 책을 들 수 없다.

㉡ 목적어를 동사술어 또는 주어 앞에 놓을 수 있다.

他们中国话都听得懂. 그들은 중국어를 이해할 수 있다.
同学们这些生词都记得住. 친구들은 이 새 단어를 기억할 수 있다.
这本书我一个星期看得完. 이 책을 나는 일주일에 다 볼 수 있다.

④ 가능보어와 조동사

가능을 표시하는 조동사 能, 可以 등은 긍정형식을 지니는 가능보어의 동사 앞에 사용할 수 있으며, 의미는 기본적으로 변하지 않는다.

他能写得清楚. 그는 뚜렷하게 쓸 수 있다.
我可以抄得完. 나는 베껴 쓸 수 있다.

* 부정형식은 가능보어 앞에 조동사를 사용할 수 없다.

⑤ 上・下・进・出・回・过・起 와 来・去로 구성된 동보구는 가능보어를 만들 수 있으나, 기타 보충구는 일반적으로 가능보어를 충당할 수 없다.

他背得出来. 그는 외울 수 있다.
我挤不出来时间. 나는 시간을 뺄 수 없다.

(5) 동량보어

기본형식

A. 동사 + 동작의 횟수(수량보어)
B. 동사 + 동작의 횟수(수량보어) + 목적어
C. 동사 + 목적어(인칭대명사) + 동작의 횟수(수량보어)

동작이나 행위가 진행된 횟수를 나타내는 보어를 동량보어라고 한다. 동량보어는 동량사 次(동작의 횟수), 遍(동작의 횟수와 동작의 처음부터 끝까지 전 과정을 강조), 下(잠깐 동안의 동작), 趟(사람이나 차의 왕래 횟수) 등과 동사가 결합하여 만들어진다.

昨天他来了两次. 어제 그는 두 차례 왔다.
中国我去过三次了. 나는 중국을 세 번 간적이 있다.
我看过好几次. 나는 여러 번 본 적이 있다.
老师念了两遍. 선생님은 두 번 읽었다.
这本书我看了一遍. 이 책을 나는 한 번 보았다.
这个问题我们已经讨论了两回. 이 문제를 우리들은 벌써 두 번 토론했다.
她骂了我一顿. 그녀는 나에게 한바탕 욕을 하였다.
他踢了我一脚. 그는 나를 발로 한 번 찼다.
他瞪了我一眼. 그는 나를 한 번 쏘아 보았다.

특 징

▶ 동량보어와 목적어의 위치

① 동사의 목적어가 명사일 경우 동량보어는 일반적으로 목적어 앞에 놓이지만, 사람

(人名) ・呼称 또는 장소(지명)를 가리키는 명사 목적어 뒤에 놓일 수도 있다.,

〈목적어가 인명인 경우〉

我见过老李两次. (我见过两次老李.) 老李를 두 번 만난적이 있다.
我劝了明吉三次了. (我劝了明吉三次了.) 명길이에게 세 번이나 권했다.
昨天晚上我找过两次安那, 他都不在宿舍.(昨天晚上我找过安那两次, 他都不在宿舍.)
어제 저녁에 나는 안나를 두 번 찾았으나, 그는 모두 기숙사에 없었다.

〈목적어가 호칭인 경우〉

我找了两次老师. (我找了老师两次.) 선생님을 두 번이나 찾았다.
我帮了三次妈妈. (我帮了三次妈妈.) 어머니를 세 번이나 도왔다.

〈목적어가 지명인 경우〉

我去过两回首儿 (我去过首儿两回.) 나는 서울을 두 번 간적이 있다.
我去过一次杭州. (我去过杭州一次.) 나는 항주를 한 번 간적이 있다.
我已经去过好几次北海公园了. (我已经去过北海公园好几次了.)
나는 벌써 북해공원을 몇 차례 간적이 있다.

② 동사의 목적어가 대명사일 경우 목적어 뒤에 동량보어가 놓인다.

我访问过他一次. 나는 그를 한 번 방문한 적이 있다.
我找过他三回了. 나는 그를 세 번 찾은 적이 있다.
我去过那儿一次. 나는 거기를 한 번 간 적이 있다.

▶ 동사 + 一下는 동작 시간이 짧음을 나타낸다

看一下地图. 지도를 좀 보자.
请你等一下. 잠깐 기다려 주세요.

(6) 시량보어

동작의 진행이나 상태의 지속이 얼마 동안 지속되었는지 설명하는 보어를 시량보어라고 한다.

我们参观了两个小时. 우리는 두 시간 동안 참관했다.

〈시량보어의 위치〉

① 시량보어는 동사 바로 뒤에 위치한다.

동사 + 시량보어

他病了两天,没有来上课. 그는 이틀 동안 아파서 학교에 오지 않았다.
晚会进行了三个小时. 저녁파티가 3시간 동안 진행되었다.
我们谈到了三四小时. 우리는 서너 시간 이야기를 나누었다.

② 동사가 목적어를 가질 경우 동사를 중복한 다음 동사 다음에 목적어를 놓고, 중복된 동사 뒤에 시량보어를 놓는다.

동사 + 목적어 + 동사 + 시량보어

我每天听录音听一个小时. 나는 매일 한 시간 동안 녹음을 듣는다.
我坐车坐了两个小时. 나는 두시간 동안 차를 탔다.
我找本子找了十分钟. 나는 10분 동안 노트를 찾았다.

③ 목적어가 인칭대명사가 아닌 일반 명사이면 시량보어는 동사와 목적어 사이에 놓일 수 있고, 그 뒤에 구조조사 的를 덧붙일 수 있다.

동사 + 시량보어(+的) + 목적어

我学了一年(的)汉语了. 나는 일년 동안 중국어를 배웠다.
我坐了三个小时(的)车. 나는 세 시간 동안 차를 탔다.
我看了三小时(的)书. 나는 세 시간 동안 책을 봤다.

④ 목적어가 사람을 가리키는 명사이며 보어가 一会儿, 半天 등의 부정시량사이면 목

적어는 보어의 앞이나 뒤에 모두 올 수 있다.

동사 + 시량보어 + 목적어 또는 동사 + 목적어 + 시량보어

你等一会儿小张吧.(你等小张一会儿吧.) 소장을 잠시 기다려라.
我找了老师半天,也没找到.(我找了半天老师, 也没找到)
나는 한참동안 선생님을 찾았으나, 찾지 못했다.

⑤ 목적어가 호칭이나, 인칭대명사일 경우 일반적으로 목적어는 시량보어의 앞에 놓인다.

동사 + 목적어(인칭대사) + 시량보어

我找了他一个小时. 나는 그를 한 시간 동안 찾았다.
你认识王老师几年了? 너는 왕선생을 안지 몇 년이나 되었냐?

제2절
문장분석

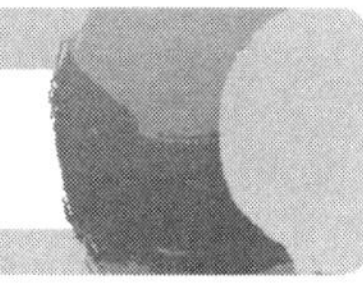

01 성분분석법

문장의 성분분석법은 서양의 전통문법에서 통용되던 문장 분석방법이다. 중국의 전통문법은 마건충(马建忠)이 중국어를 분석하여 〈马氏文通〉을 편찬하면서 시작되었다. 1920년 이후 중국어문법은 이 전통문법을 근원으로 하고 있다. 전통문법은 문장의 성분기능과 역할을 분석하는 것이다. 문장을 구성하는 요소를 주어, 술어, 목적어, 관형어, 부사어, 보어로 나눈다. 중심 성분인 주어, 술어, 연대성분인 목적어의 기초 위에 문장의 틀을 확정하고 주변의 부가성분인 수식어와 보어를 분석한다. 중심성분의 결합에 근거하여 문장의 기본 틀을 확정한다. 이를 문장성분분석법 또는 문장의 주어와 술어가 되는 중심어를 찾고 부가성분은 중심어에 붙여 구별하는 중심어 분석법, 층차분석법인 양분법과 달리 다분법이라고도 한다. 성분분석법은 문장의 단어들 사이의 관계를 밝혀 중심 성분과 연대성분, 부가성분을 하나의 평면에서 분석한다. 예를 들면

韩国 〈太〉 可爱 了.
(他的) 心 〈怦怦地〉 跳.
我 〈从前〉 〈不〉 喜欢 喝酒.
(我们学校的) (两位) 教师 当上了 代表.
他们 <没有> 告诉 你 (旁) 的 事情 吗?
(这些) 工人 <立刻> 造 [好] 了 (一座) 桥.

═ 주어　— 술어　… 목적어　(　) 관형어　<　> 부사어 [　] 보어

02 층차분석법

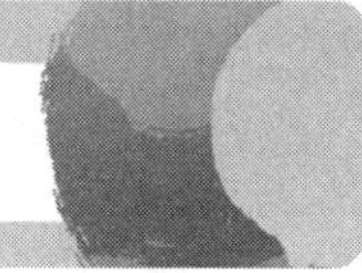

표면적으로 한 문장의 내부구조는 단어가 순서에 의해 연속적으로 출현하는 선형배열이다. 문장의 내부구조에서 단어와 단어의 결합이 다르고, 단어와 단어의 결합에는 층차가 있다. 단순히 단어를 순서에 따라 배열하는 것이 아니라, 통사원칙에 따라 단계별로 층차가 구성된다. 문장내부의 층차에 따라 결합한 두 개의 직접적인 성분을 분석하는 방법이 층차분석법이다. 층차분석법은 직접성분분석법, 양분법이라 부르기도 한다. 즉 문장을 직접 관계가 있는 두 부분으로 나누고 이를 다시 층차적으로 양분하여 분석하는 방법이다. 각 층차의 인접한 두 개의 성분은 그 층차구조의 직접적 구성요소이다. 문장구조의 층차분석의 예를 보면 '他抽烟.'에서 他, 抽, 烟 세 개의 단어는 서로 순서대로 하나의 선형배열을 형성한다. 그러나 抽는 他와 직접적 관계를 맺지 않고, 烟과 직접적 관계를 갖는다. 다시 抽烟은 他와 관계를 맺는다. 문장의 내부는 층차구조를 나타내면서 '他抽烟'는 술목관계와 주술관계를 형성한다.

他 抽 烟

1 2 제1층차 : 직접성분(주술 관계)

3 4 제2층차 : 직접성분(술목 관계)

我们 学习 汉语 语法.

1 2 제1층차 : 직접성분(주술 관계)

3 4 제2층차 : 직접성분(술목 관계)

5 6 제3층차 : 직접성분(수식 관계)

照片 放 大了 一点儿.

1 2 제1층차 : 직접성분(주술 관계)

3 4 제2층차 : 직접성분(술보 관계)

5 6 제3층차 : 직접성분(술보 관계)

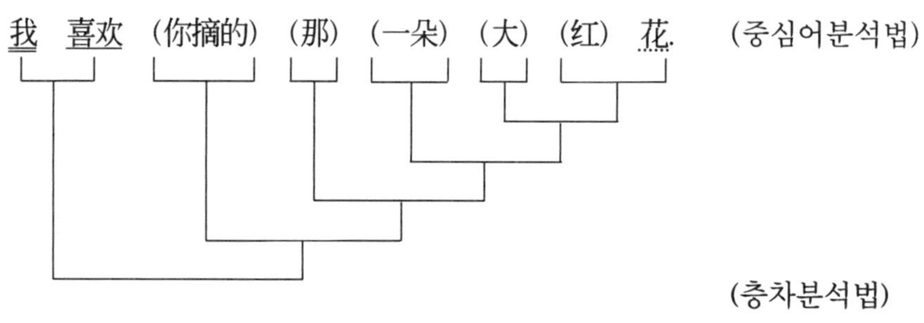
我 喜欢 (你摘的) (那) (一朵) (大) (红) 花
(중심어분석법)
(층차분석법)

기초 다지기

현대 중국어 문법

제6장

문장의 이해

기초 다지기

현대 중국어 문법

제1절
문장의 분류

문장은 단어 혹은 구로 구성되는 언어 단위이다. 하나의 완전하게 갖추어진 의사를 독립적으로 표현할 수 있는 언어의 사용 단위이다.

문장은 몇 가지 기준에 의해 분류할 수 있다. 용도에 따라 단문과 복문으로 분류된다. 술어에 따라 명사술어문, 동사술어문, 형용사술어문, 주술술어문으로 분류된다. 성분 구비 상황에 따라 주술문, 비주술문으로 분류된다.

1) 단문과 복문

문장 구성의 복잡함과 단순함에 의하여 단문과 복문으로 나눌 수 있다.

这儿的气候真好. 이곳의 기후는 참 좋다.
我们到中国学习汉语. 우리는 중국에 가서 중국어를 배운다.
这句话的意思你董吗? 이 말뜻을 너는 이해하니?

이러한 문장들은 단지 하나의 주술구로 간단하고 완전한 의미를 나타낸다.

风停了, 雨也住了. 바람이 멈추고, 비도 그쳤다.
如果明天下雨, 我们就不去参观了.
만일 내일 비가 오면, 우리는 참관하러 가지 않는다.
你是今年回国, 还是明年回国? 너는 올해 귀국할거니 아니면 내년에 할거니?

이러한 문장들은 모두 의미에 있어서 관계가 있는 두 개 이상의 단문으로 구성되어 있다. 복문을 구성하는 단문은 이 복문을 구성하는 절로서 절과 절 사이에는 어느 정도의 어음의 휴지가 있다.

2) 표현하는 기능에 따라 문장은 진술문 · 의문문 · 명령문 · 감탄문으로 분류된다.

(1) 진술문(서술문, 평서문) : 어떠한 일을 서술하거나 사물에 대하여 설명 묘사한다.

我出去一下. 나 잠깐 나가 보겠다.
张大夫在首都医院工作. 장의사는 수도병원에서 근무한다.
今天热极了. 오늘은 매우 덥다.

(2) 의문문 : 의문을 제기한다.

你什么时候来北京的? 너는 언제 북경에 왔니?
这句话的意思你明白不明白? 이 말뜻을 너는 이해하니?
你去哪儿? 너 어디 가니?

(3) 명령문 : 청구, 명령, 충고, 혹은 금지를 나타낸다.

你们赶快回去吧! 너희들 빨리 돌아가거라!
别着急! 慢慢走! 서두르지 마라! 천천히 가자!
室内禁止吸烟! 실내에서는 흡연을 금지한다!

(4) 감탄문 : 화자의 강렬한 감정을 나타낸다.

这里的风景多么美丽啊! 이곳의 경치는 얼마나 아름다운가!
这本词典对我们太有用了! 이 사전은 우리에게 얼마나 유용한지!
唉! 这种事可不好办啊! 아! 이런 일은 정말 쉽지 않아!

3) 구성에 따라 주술문과 비주술문으로 분류된다.

(1) **주술문** : 주어와 술어의 두 부분으로 구성된 문장을 말한다.

我朋友在北京语言学院学习汉语. 내 친구는 북경언어학원에서 중국어를 배운다.
这本书是去年出版的. 이 책은 작년에 출판된 것이다.
他学习很努力. 그는 매우 열심히 공부한다.

(2) **비주술문** : 주어와 술어의 두 부분으로 구성되지 않은 문장을 말한다.

小心火车! 조심해 기차다!
注意! 조심해!

4) 술어의 성질에 따라 명사술어문 · 동사술어문 · 형용사술어문 · 주술술어문로 분류된다.

(1) **명사술어문** : 술어가 명사 혹은 명사구의 결합이다.

今天星期日. 오늘은 일요일이다.
马克澳大利亚人. 마크는 오스트레일리아 사람이다.
他二十多岁. 그는 20살 쯤 된다.

(2) **동사술어문** : 술어가 동사이다.

他弟弟在大学学习. 그의 동생은 대학에서 공부한다.
我有一本汉英辞典. 나에게는 한영사전 한 권이 있다.
我下午去机场送朋友. 나는 오후에 친구를 배웅하러 공항에 간다.

(3) **형용사술어문** : 술어가 형용사이다.

天气很好. 날씨가 좋다.
饭凉了. 밥이 식었다.
这儿的风景很美丽. 이 곳의 경치는 아름답다.

(4) 주술술어문 : 술어가 주술 단어 결합이다.

他身体很好. 그는 건강하다.
大街上人多极了. 큰 길에 사람이 매우 많다.
这里风景真美. 이 곳의 경치는 정말 아름답다.

제2절

복 문

복문은 두 개 또는 두 개 이상의 의미관계가 밀접한 단문으로 구성된 문장이다. 복문 안의 단문은 절이라고 한다. 중국어의 복문은 연합복문, 주종복문, 긴축복문으로 나눌 수 있다.

01 연합복문

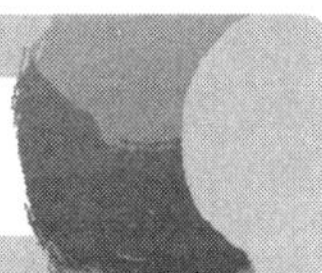

복문을 구성하고 있는 각 절의 관계는 평등하며 의미상 경중의 구분이 없는 복문이다. 각 절사이의 의미관계에 따라 연합복문은 다음과 같다.

1) 병렬관계

각 절은 몇 가지 상황이나 사물을 설명하거나 묘사한다. 이러한 복문은 절과 절 사이에 일반적으로 관련성분(접속사나 관련기능을 일으키는 부사)을 갖지 않을 수 있다.

① 연결사가 없는 경우

我从上海来, 我朋友从山东来. 나는 상해에서 오고 내 친구는 산동에서 온다.

② ~ 也 ~, ~ 而 ~　~ 하고, 역시 ~ 하다

这是新汽车, 那也是新汽车. 이것은 새 차이고 저것도 새 차이다.
这个方法公平而合理. 이 방법은 공평하고 합리적이다.

③ 又 ~ 又 ~　~ 하고, 또 ~ 하기도 하다

他又会汉语,又会日语. 그는 중국어도 할 줄 알고 일어도 할 줄 안다.
又方便又好用. 편리하기도 하고 또한 쓰기도 좋다.

④ 以及　및. 그리고

老师以及同学都应该注意这一点. 선생님과 급우는 모두 이 점을 주의해야 한다.

⑤ 一边 ~, 一边 ~　~ 하면서 ~하다

他们一边跳舞, 一边唱歌. 그들은 춤을 추면서 노래를 부른다.
我们一边走, 一面谈话. 우리들은 걸으면서 이야기를 나눈다.

⑥ 一面 ~, 一面 ~　~하면서 ~하다

他一面看报纸, 一面听广播. 그는 신문을 보면서 방송을 듣는다.
他们边说边走路. 그들은 말을 하면서 길을 걷는다.

⑦ 不是 ~, 而是 ~　~이 아니고 ~이다

我不是去上海, 而是去广州. 나는 상해에 가는 것이 아니라 광주에 가는 것이다.
不是他没来, 而是我们没有通知他.
그가 안 온 것이 아니라 우리가 알리지 않은 것이다.

⑧ 既 ~, 又(也)~　~할 뿐만 아니라, 또 ~ 하다

我们的学校既漂亮, 又安静. 우리 학교는 아름답기도 하지만 조용하기도 하다.
既不想要又不想给别人. 원하지 않을 뿐만 아니라, 다른 사람에게도 안 주려고 한다

2) 연접관계

연접관계(계승)는 양보관계라고도 한다. 각 절은 연속 발생하는 몇 가지 동작, 행위 및 사건을 발생 순서에 따라 차례로 서술한 것으로 각 분구의 앞뒤의 차례가 바뀔 수 없다.

① 연결사가 없는 경우

他一来, 大家都笑了起来. 그가 들어오자 모두가 웃기 시작했다.

② (首先) ~ 然後 ~　먼저 ~하고 후에 ~하다

等我说完了, 然後你再说. 내 말이 다 끝나고 나서 네가 다시 말해봐라.
首先开一个会, 然後再做决定. 먼저 회의를 열고 그리고 나서 다시 결정하자.
请大家先讨论一下, 然後再做决定. 모두들 우선 토론을 좀 하고 나서 다시 결정하자

③ ~, 便 ~　~하자 곧 ~하다

他刚说过, 便站起身走了. 그는 막 말을 마치고는 곧 일아나서 가버렸다.

④ 一 ~, 就 ~. 刚 ~, 就 ~　~하자 곧 ~하다

他一听完录音, 就开始翻译. 그는 녹음을 다 듣고 나서 곧 번역을 시작했다.
一下飞机, 我就到你这儿来了. 비행기에서 내리자마자 너에게 왔다.
我刚进门, 电话就响了. 내가 들어오자, 전화벨이 울렸다.
他刚走, 你就来了. 그가 가자마자, 네가 왔다.

⑤ ~, 于是 ~ ~해서 그래서 ~하다

司机告诉我们,长城到了,于是我们都下了汽车.
운전사가 우리들에게 만리장성에 다왔다고 말하자 우리는 모두 차에서 내렸다.
坐汽车去那里不方便, 于是我骑车去.
자동차를 타고 가는 것이 불편해 나는 자전거를 타고 갔다.

3) 점층관계

점층관계는 뒷 절이 앞의 절에서 서술한 것보다 한층 더 의미가 심해지는 것을 말한다. 앞의 절은 不但, 不仅, 뒷 절은 而且, 也, 还, 甚至 등이 놓인다. 만일 두 개의 절의 주어가 같으면 주어는 일반적으로 첫 번째 절에 오며 不但은 주어 뒤에 놓인다. 만일 두 개의 절의 주어가 다르면 不但과 而且는 일반적으로 구별되어 두 개 절의 주어 앞에 놓인다.

不但 ~, 而且 ~ ~할 뿐만 아니라, 게다가 ~하다

不但没有好, 而且更厉害. 나아지지 않았을 뿐만 아니라, 더 심해졌다.
我不但游览过广州, 而且游览过苏州.
나는 광주를 유람했을 뿐만 아니라 소주도 유람했다.
他不但会说英语, 而且说得很流利.
그는 영어를 할 줄 알뿐만 아니라, 아주 유창하게 한다.
不但他会说英语, 而且他弟弟说得很流利.
그는 영어를 할 줄 알뿐만 아니라, 그의 남동생도 아주 유창하게 한다.

4) 선택관계

몇 개의 절에서 몇 가지 상황을 설명하고 있지만, 그 가운데 임의로 하나의 상황을 선택할 수 있는 복문을 말한다.

① 是 ~, 还是 ~ ~인가, 아니면 ~인가

你今天晚上去看电影, 还是听音乐会?
너는 오늘 저녁에 영화 보러 가니, 아니면 음악회 가니?
坐飞机, 还是坐火车, 快决定啊.
비행기를 탈 것인지, 기차를 탈 것인지 빨리 결정해라.

② 或(者) ~이 아니면~이다
或, 或者는 선택을 나타낸다. 둘 또는 둘 이상의 사물 가운데 임의로 하나를 선택하는

것을 설명한다. 이 접속사는 모두 구조가 같거나 비슷한 단어 또는 구를 연결할 수 있다. 或者는 평서문에 쓰이고, 还是는 의문문에만 사용된다.

明天或者你来, 或者我去都无所谓.
내일 네가 오던지 아니면 내가 가던지 어쨌든 상관없다.
考大学或者参加工作, 由你自己决定. 대학을 가든 일을 하든 너 혼자 결정해라.

③ 还是 또는. 아니면

你还是要我去呢? 还是要他去呢?
너는 나에게 가라고 할 거니, 아니면 그 사람에게 가라고 할거니?
请你把这本书交给老王或者老杨. 이 책을 왕선생이나 양선생에게 전해줘라.

④ 宁可 ~, 也不(决不) ~ ~ 할지언정, ~하는 것이 낫다

我宁可不及格, 也不打小抄. 나는 불합격할지언정, 컨닝은 하지 않겠다.
宁可少休息, 也不把作业留到明天去.
차라리 조금 쉴지언정, 작업을 내일까지 미루지 않는다.
宁可自己多做一点, 决不麻烦别人.
차라리 자신이 좀 더 많이 할지언정, 절대 남을 번거롭게 하지 않는다.

02 주종복문

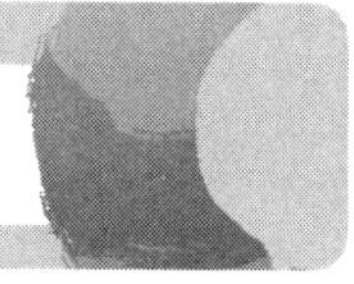

주종복문은 일반적으로 두 개의 절로 구성된다. 그 중의 하나는 주요 성분으로 전체 문장의 주된 의미를 나타내는 주절이고, 다른 하나는 주절을 설명하거나 제한하는 종속절이라고 한다. 주종복문은 아래의 몇 가지로 나눌 수 있다.

1) 전환관계

앞 절이 한 가지 사실이나 하나의 의미를 설명하면, 뒷 절은 반대로 앞 절의 상황과 상반된 방면으로 가는데 이러한 복문을 전환관계, 역접관계라고 한다.

① 虽然 ~ 但是(可是,不过) ~ 비록 ~할지라도 그러나, 설령~일지라도

虽然他做错了, 不过我们不应该太责备他.
설령 그가 잘못했다 하더라도, 우리는 그를 너무 탓해서는 안된다.
虽然外边下着大雪, 但是他还要骑车进城.
비록 밖에는 대설이 내리고 있지만 그는 그래도 자전거를 타고 시내에 들어가려고 한다.
你的病虽然好了, 但是你还要多休息.
네 병이 비록 좋아졌지만 너는 아직도 많이 쉬어야 한다.
虽然已经到了冬天, 但是天气还很暖和.
비록 이미 겨울이 왔다지만 날씨가 아직도 매우 따뜻하다.

② ~, 只是 ~ 그런데 ~이다
虽然는 첫 번째 절의 주어 앞이나 주어 뒤에 놓일 수 있으며, 어떤 때에는 생략될 수 있고, 但是(可是)는 일반적으로 두 번째 절의 가장 앞에 놓인다.

路上很辛苦, 但是他们觉得很高兴. 길이 매우 힘들지만 그들은 아주 즐거워한다.
他没来过中国,可是对北京的情况了解得很多.
그는 중국에 와보지는 않았지만 북경의 상황에 대해서 많은 것을 알고 있다.

只是는 단독적으로 사용될 수 있으며, 또한 虽然과 함께 결합하여 사용될 수 있는데, 只是가 나타내는 전환의미는 但是에 비해 좀 경미하며 어기 또한 비교적 부드럽다. 그것이 구성하는 복문은 의미가 앞 절에서 비중을 차지하며 뒷 절은 단지 어떤 보충이나 수정기능을 한다.

我早就想去游览长城了, 只是一直没有空.
나는 진작부터 만리장성을 유람하고 싶었지만 줄곧 시간이 없다.
我早就想来看你了, 只是怕你不在家.

내 진작부터 너를 만나고 싶었지만 네가 집에 없을 까 걱정했다.

我们早就准备搬家了, 只是找不到合适的房子.

우리들은 이미 이사 갈 준비가 되었지만 적당한 방을 찾지 못했다.

③ ~, 不过 ~ 그러나~이다

단독으로 사용할 수 있고, 또한 虽然과도 결합하여 사용할 수 있다. 전환의 어기는 但是보다 약하다.

刚到中国时, 他生活不习惯, 不过现在好了.

막 중국에 왔을 때 그는 생활이 익숙치 않았으나 지금은 좋아졌다.

这篇课文能读, 不过还有些生词要查字典.

이 본문을 읽을 수는 있으나 사전을 찾아야 하는 새 단어들이 좀 있다.

你身体比以前好多了, 不过还要注意.

네 몸이 이전보다 많이 좋아졌다지만 아직 주의해야 한다.

不过와 只是는 모두 전환을 나타내며 그들의 구별은 다음과 같다. 不过는 구어에 많이 사용되고 어기는 只是에 비해 조금 강하게 되며, 不过 뒤에 휴지가 올 수 있으나 只是는 일반적으로 휴지가 올 수 없다.

④ ~, 反而 ~ 도리어 ~하다

风不但没停, 反而更大了. 바람이 그치지 않고 도리어 더 세차졌다.

这个问题原来很简单, 反而变得复杂了.

이 문제는 원래 간단했는데, 도리어 복잡해졌다.

⑤ ~ 否则 만일 이렇게 하지 않으면. 곧 이다

学汉语应该多说・多练, 否则就学不好.

중국어를 배우기 위해서는 많이 말하고 많이 연습해야지 그렇지 않으면 잘 배울 수 가 없다.

下雨了, 你穿上雨衣, 否则要淋湿的.

비가 와서 너 우의를 입지 않으면 옷이 젖을 것이다.

你快点来, 否则我们就不等你了.

너 빨리 와, 그렇지 않으면 우리들이 너를 기다릴 수 없다.

⑥ ~, 却 ~　도리어, 그러나~이다

他虽不是北京人, 却能说普通话. 그는 북경사람이 아니지만, 표준어를 할 수 있다.

⑦ ~, 然而 ~　그런데, 그러나

他虽然失败了好几次, 然并而不灰心.

그는 몇 차례 실패했지만, 결코 낙담하지 않는다.

⑧ 尽管 ~, 但是(然而, 可是) ~　비록 ~하더라도, ~에도 불구하고

尽管他对你有多好, 可是你仍然要提防他.

설령 그가 너에게 잘해준다 하더라도, 너는 여전히 그를 조심스럽게 대해야 한다.

⑨ 固然 ~ 可是　물론 ~ 이지만.

固然你说得很对, 可是我们有我们的苦衷.

물론 네 말이 옳지만 우리들은 우리들만의 고충이 있다.

2) 인과관계

종속절은 원인을 나타내고 종속절은 결과를 나타낸다.

① 因为 ~ , 所以 ~　왜냐하면 ~ , 그래서

因为天气不好, 所以我们没去长城.

날씨가 좋지 않기 때문에 우리는 만리장성에 가지 않았다.

因为要准备考试, 所以他决定不去旅行了.

시험을 준비해야하기 때문에 그는 여행을 가지 않기로 결정했다.

因为塞车, 所以没能即时赶到.

차가 막혔기 때문에 그래서 제 시간에 맞추어서 올 수가 없었다.

他正是因为身体不好, 才天天坚持练长跑.

그는 지금 몸이 안 좋아서 매일 오래달리기를 한다.

② 因为 ~ 而　~했다고 해서~

因为没有钱而不想求学, 那不是理由.

돈이 없다고 해서 공부를 하고 싶지 않다는 것은 이유가 안된다.

③ 由于 ~ 所以 ~　~까닭으로 때문에

由于约翰努力学习, 所以他的汉语说得好.

요한은 열심히 공부하기 때문에 그는 중국어를 잘한다.

由于太累, 所以他的身体越来越不好.

너무 피곤하기 때문에 그의 몸은 갈수록 좋지 않다.

因为他很忙, 就不来看니了. 그는 아주 바쁘기 때문에 너를 보러 오지 못한다.

由于我粗心, 把'王'写成了'玉'. 나는 세심하지 못해 '王'자를 '玉'자로 썼다.

他们学习都很努力, 所以能学得很好.

그들은 열심히 공부하기 때문에 아주 잘 배울 수 있다.

④ 既然 ~, 那么就 ~　이미 이렇게 된 바에야. 이왕 그렇게 된 이상

既然不是你的, 那麽你就应该物归原主.

이왕 네 것이 아니라면 너는 마땅히 물건을 원주인에게 돌려줘야 한다.

既然下雨了, 你就不用去了. 이왕 비가 왔는데, 너 갈 필요 없다.

3) 조건관계

뒷 절은 결과를 나타내고 앞 절은 조건을 나타내는 관계이다.

① 只要 ~ 就 ~　~하기만 하면 곧, 만약~라면

只要你不说就没有人知道. 네가 말하지 않는다면 아는 사람이 없다.

只要我们认真学习, 就一定能学好汉语.

우리들이 성실히 공부해야만이 반드시 중국어를 잘 배울 수 있다.

我们只要多看几遍, 就一定能看懂. 우리들이 몇 번을 더 읽어야만 알아볼 수 있다.

② 只有 ~ 才 ~ ~비로소 ~하다. 오직~있다

只有你去叫他, 他才会来. 네가 가서 그를 불러야만 그가 비로서 온다.

我们只有努力学习, 才能学好汉语.

우리들은 열심히 공부해야만 비로서 중국어를 잘 배울 수가 있다.

除非你出面, 问题才能解决. 네가 나서야만, 문제가 해결될 수 있다.

只有我, 才相信你. 오직 나만이 너를 믿는다.

③ 要是 ~ (就,也) 만약~라면. 만약~하면. 만약에~

要是没有问题, 我就回去了. 만약 문제가 없다면 나는 돌아가겠다.

要是你反对, 他会很失望. 만약 네가 반대하면, 그는 매우 실망할 것이다.

④ 除非 ~ 才 ~ ~해야만 비로소 ~한다. 오직~하여야 비로소. ~아니고서야

除非是傻瓜才会这麼做, 不然没有人会这麼做.

바보가 아니고서야 이렇게 할 사람이 없다.

除非自己努力学习, 否则不能得到好成绩.

스스로 공부하지 않으면, 좋은 성적을 얻을 수 없다.

⑤ 除非 ~ (不) ~을 제외하고. ~아니면.

除非有事, 他不会不来的. 무슨 일이 있는 것이 아니라면, 그가 오지 않을 리가 없다.

⑥ 无论 ~ 还是 / 不论 ~ 还是 / 不管 ~ (都) ~에 관계없이 여전히, ~을 막론하고

不论行还是不行, 你都要办好这件事.

되던 안 되던 막론하고 너는 이 일을 다 처리해야 한다.

不管你来还是不来, 都要给我打个电话.

네가 오던 안 오던 관계없이 나에게 전화를 해줘야 한다.

4) 가정관계

앞 절은 가정을 나타내고 뒷 절은 결과를 나타내는 문장이다.

① 如果 ~, 就 ~ 만약 ~한다면

如果下雨, 我们就改变计划去博物馆吧.

만일 비가 내린다면 우리는 계획을 바꾸어서 박물관으로 가자.

如果明天不下雨,我们就去公园.

만일 내일 비가 오지 않으면 우리들은 공원에 갈 것이다.

你如果有不认识的字,就可以查字典.

네가 만일 모르는 글자가 있으면 사전을 찾을 수 있다.

② 要是~ 就 ~ 만일 ~

你要是明天有空儿,就到我家吃晚饭.

너 내일 시간이 있으면 우리집에 와서 저녁식사를 해라.

要是你去看他,最好先给他打个电话.

네가 만일 그를 보러 간다면 먼저 그에게 전화를 거는 것이 가장 좋다.

③ 仮如 ~ (就) 만일. 만약. 倘若 ~ (就) ~ 만약(만일. 가령)~한다면

仮如我说的是仮话, 就任凭你处理.

만약에 내가 말한 것이 거짓말이라면 너의 뜻대로 따르겠다.

④ 即使 ~, 也 ~ / 就是 ~(也) : 설사~라도.

就是给我千百万, 我也不能做这件事.

설사 나에게 수천 수백만을 준다 하더라도, 나는 이 일을 할 수가 없다.

⑤ 哪怕 ~ (也) 설령. 가령. 비록.

为了报国, 哪怕是砍斗也不能投降.

보국을 위해서는 설령 목이 잘린다해도 투항할 수 없다.

5) 목적관계

앞 절은 어떤 목적을 나타내고 뒷 절은 이 목적을 달성하기 위해 취한 행동을 나타낸다.

① 为了 ~, 为 ~, 为的是 ~ ~을 위해서

为了, 为는 일반적으로 종속절안에 쓰이며, 为的是, 好는 항상 두 번째 절 안에 쓰이는데 뒷 절은 앞 절이 달성한 목적을 나타낸다. 두절의 주어가 같지 않을 때 好는 뒷 절의 주어 뒤에 쓰이고 为的是는 반드시 뒷 절의 문두에 쓰이며 문두와 주어 앞에 쓰인다.

为了求学而抛弃了就职的机会. 학문을 탐구하기 위해서 취직할 기회를 포기했다.

为了学习汉语, 我买了一本汉语大词典.

중국어를 배우기 위해 나는 큰 사전 한 권을 샀다.

她早就起来了, 为的是跟我们一起去长城.

그녀는 벌써 일어났는데 우리와 함께 만리장성에 가기 위해서이다.

我们走吧, 好让他早点休息. 우리 가자, 그가 좀 쉴 수 있도록.

你一定要来, 我们好一起去吃饭. 네가 반드시 와야지 우리가 함께 식사하러 간다.

② 以免 ~, 免得, 省得 ~ 않기 위해서, ~ 하지 않도록

明天你早点来, 省得我们等你. 우리가 너를 기다리지 않도록 내일 좀 일찍 와라.

你最好提醒我一下, 免得我忘了. 내가 잊지 않게 네가 나를 일깨워주는 것이 낫겠다.

03 긴축복문

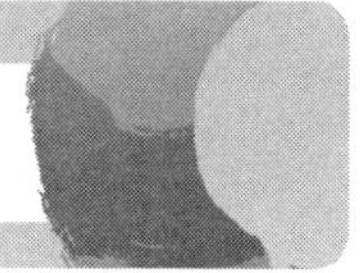

긴축복문은 형식상 단문과 같지만 실제로는 복문의 의미를 나타내는 문장이다. 두 개의 술어 사이에는 서로 수식이나 보완관계가 없다. 구절 중간에 쉼표도 없어 형식상으로는 하나의 단문처럼 보인다. 문장이 간결하고 표현하는 의미가 정확한 것이 특징이다.

你能参加就来. 네가 참가할 수 있다면 오너라.

위의 문장은 단문의 형식이지만, 두 개의 동사 술어가 있는 복문이다. 원래 如果你能参加, 就来.의 복문이 긴밀히 압축되어 만들어진 것이다.

① 一 ~ 就 ~ ~하자마자 ~하다

我们一到家就吃饭. 우리는 집에 도착하자마자 밥을 먹었다.
明天一起床我们就去爬山. 내일 일어나자마자 우리 등산가자.

② ~ 也 ~ ~해도

怎麽修也不好用了. 아무리 수리해도 사용할 수가 없다.
他说什麽也不敢收. 그가 뭐라고 하든 받지 못한다.

③ 越 ~ 越 ~ / 越来越 ~ ~할수록 점점 ~하다

天气越来越热. 날씨가 점점 더 더워진다.
我们的课越来越难了. 우리 수업은 갈수록 어려워진다.

④ 不 ~ 不 ~ ~하지 않으면 ~하지 않다

东西不好不要. 물건이 좋지 않으면 필요 없다.
不要不行, 一定要收下. 안 된다고 하지 말고, 꼭 받아라.

제3절

특수 문형

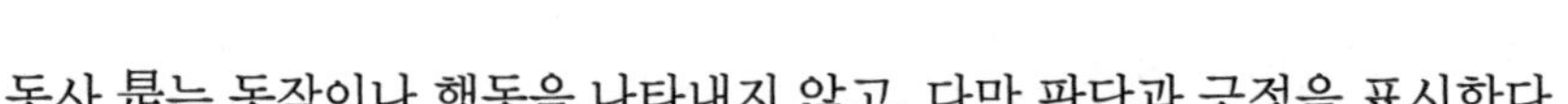

01 是자문

동사 是는 동작이나 행동을 나타내지 않고, 다만 판단과 긍정을 표시한다.

기본형식 A + 是 + B(긍정)
A + 不是 + B(부정)
A + 是 + B + 吗? (의문)
A + 是不是 + B?(정반의문)
A + 是 + B + 不是?

这是你的汽车. 이것이 네 자동차니?
我是外国留学生. 나는 외국유학생이다.
我是韩国学生. 나는 한국 학생이다.

특 징

① 주어와 목적어의 구성성분

* 주어가 될 수 있는 단어와 구
명사・대사・동사・형용사・수량구・연합구・的字句・동목구・보충구・수식구・주술구・방위구 등이 있다.

主人是我的朋友. 주인이 나의 친구이다.
参观也是一种学习. 참관하는 것도 일종의 공부이다.

* 목적어가 될 수 있는 단어와 구
명사・대사・동사・형용사・수량구・연합구・的자구・동목구・보충구・수식구・주술구・방위구 등이 있다.

这也是休息. 이것도 역시 휴식이다.
他最喜欢的是唱歌. 그가 가장 좋아하는 것은 노래부르는 것이다.

② 是 뒤에 보어나 동태조사 了, 着, 过를 지닐 수 없다.
③ 是 앞에 부사어를 붙일 수 있다.
④ 부정형은 是 앞에 부정부사 不를 붙인다.

这儿不是邮局. 여기는 우체국이 아니다.
他不是山东人. 그는 산동 사람이 아니다.

⑤ 不是~, 是~. ~가 아니라, ~이다

他不是韩国人, 是中国人. 그는 한국사람이 아니고, 중국사람이다.

02 有자문

동사 有는 동작, 행위를 표시하는 것이 아니고, 다만 존재, 소유의 의미를 나타낸다. 有자문에는 다음과 같은 용법이 있다.

기본형식 주어 + 有 + 목적어

특 징

① 소유를 표시한다. 문장의 술어로 쓰이며, 항상 목적어를 가진다. 그리고 "有"와 목적어 사이에는 때때로 수량사가 들어간다.

我有很多中文书. 나는 중국어 책을 많이 가지고 있다.
我们班有十五个学生. 우리반은 열다섯 명의 학생이 있다.

② 포함과 함유를 표시하며, 목적어는 일반적으로 수량사를 가진다.

一年有十二个月. 일년은 12개월이 있다.
一星期有七天. 일주일에 7일이 있다.

③ 존재를 표시한다. 문장의 주어는 항상 방향, 처소, 시간을 나타내는 명사이다.

书架上有很多书. 책꽂이에 많은 책이 있다.
学校旁边有一个邮局. 학교 옆에 우체국이 있다.

④ 부정형은 동사 有 앞에 没을 붙인다.

屋子里没有人. 집안에 사람이 없다.

03 연동문

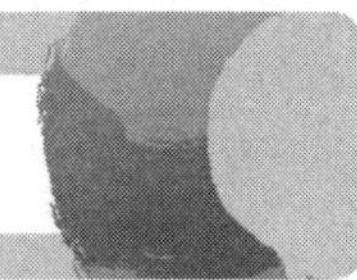

두 개의 동사 또는 동사구조가 연이어 술어가 된 문장을 연동문(连动文)이라고 한다. 연동문의 두 동사는 하나의 주어를 갖고, 두 개의 연동된 동사 사이의 관계는 연속관계이다.

我们星期天去公园玩. 우리는 일요일에 공원에 놀러 간다.
明天他要去南京旅行. 내일 그는 남경으로 여행가려고 한다.

我们用汉语谈话. 우리는 중국어로 이야기 한다.
他们坐飞机去上海了. 그들은 비행기를 타고 상해를 갔다.

▸ 有가 있는 연동문

동사 有를 사용하여 만든 연동문에서 有는 항상 명사와 결합하여 술어의 앞 부분에 놓인다.

주어 + 有 + 목적어(피수식어) + 동사 + 목적어(동사 + 목적어 : 수식어)

我有钱买这个. 나는 이것을 살 돈이 있다.
我有钱请你去看电影. 나는 너에게 영화를 보여줄 돈이 있다.
我有时间去找你. 나는 너를 찾아갈 시간이 있다.
我有书借给你. 나는 너에게 빌려줄 책이 있다.

04 겸어문

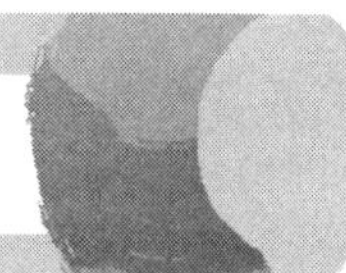

하나의 문장에서 두 개의 동사를 가지면서 중간에 명사를 삽입하여 만들어 진다. 이 두 개의 동사는 주어를 공용하지 않으며, 앞에 있는 동사의 목적어가 뒤에 있는 동사의 주어가 된다. 즉 선행동사가 항상 명령을 하여 후행동사에 동작을 시키는 것이다.

요컨대 하나의 문장 성분이 두 가지의 역할을 겸하고 있는 구조를 겸어식(兼语式文)이라 한다.

기본형식 주어 + 동사 + 겸어(목적어 · 주어) + 겸어의 술어
(명령자 + 사역동사 + 명령을 받는 자 + 제2의 동작 + 기타성분)

叫你花钱, 真不好意思. 너에게 돈을 쓰게 해서 미안하다.
我父亲不让我去旅行. 아버지는 나에게 여행을 못 가게 한다.
我要求他签名. 나는 그에게 서명을 요구했다.

05 존현문

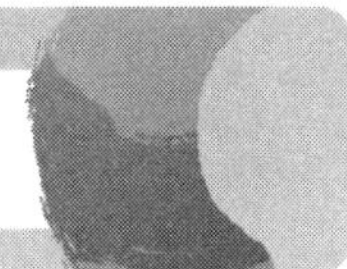

사람이나 사물이 어떤 지점에 존재하거나, 또는 출현, 소실하였음을 나타내는 문장을 존현문이라 한다.

기본형식 장소/방향 + 동사 + 사람/사물

大树下坐着几位老人.큰 나무 밑에 노인 몇 분이 앉아 있다.
路上没有人. 길에는 행인이 보이지 않는다.
这儿没有热水. 여기에는 더운 물이 없다.
我们宿舍里来了一个新同学. 우리 기숙사에 새 친구 한 명이 왔다.
宿舍里搬走了两个学生. 기숙사에서 두 명의 학생이 이사 갔다.

특 징

① 존현문의 문두에는 장소명사나 시간명사를 써야 하고, 장소를 나타내는 일반명사는 뒤에 방위명사를 덧붙인다.
② 동사 뒤에 동태조사 着, 了를 수반한다. 또는 결과보어나 방향보어를 수반하고, 着, 了를 보어와 같이 쓸 수 있다.
③ 존재, 출현을 나타내는 문장은 주어가 없으며, 문두의 시간, 장소어 앞에 在, 从 등을 쓰지 않는다.

06 把字文

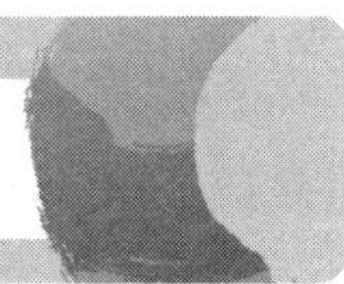

전치사 把를 사용하여 목적어를 동사 앞으로 도치시켜 도치의 결과를 강조 설명하는 문장을 말한다. 도치된 목적어는 일반적으로 정해진 사물을 나타낸다. 동사는 복합동사나 동사구이며, 동사 뒤에 了, 着 등 기타성분을 덧붙인다.

기본형식 주동자 + 把 + 수동자 + 동사 + 기타성분

他们把病人送到医院去了. 그들은 환자를 병원으로 보냈다.
我把找写成我了. 나는 找字를 我字로 다 썼다.
他把拿来的书放在床上了. 그가 가져 온 책을 침대 위에 놓았다.

특 징

① 把자문의 목적어는 도치된 사람이나 사물로서 말하는 사람의 마음 속에 이미 알고 있는 확정된 것이다.

我把那杯茶喝了. 나는 그 차를 마셨다.
我把这个消息告诉了老王. 나는 이 소식을 왕씨에게 알렸다.

② 把자문에서 把의 앞에 시간부사어, 조동사, 부정부사 등이 올 수 있다.

你明天把那本书给我看看. 내일 그 책을 나에게 좀 보여줘라.
他还没有把信写完. 그는 아직 편지를 다 쓰지 않았다.

③ 把자문은 동작이 사람이나 사물에 대하여 도치나 영향을 주었음을 설명하고, 동시에 도치・영향의 결과와 방식을 나타낸다. 처치되거나 영향과 관련된 목적어, 부사어, 보어, 동태조사 了, 着 등의 기타성분을 수반한다.

他把课文念得很熟. 그는 본문을 매우 잘 읽는다.
请你把你的经验谈谈. 너의 경험을 좀 이야기해 봐라.

④ 동사 뒤에 결과보어 到, 在, 上와 처소를 나타내는 목적어가 와서 도치될 때 把자문을 쓴다. 또한 결과보어 给와 그 대상을 나타내는 목적어가 와서 도치될 때와 동사가 成, 为, 作" 등 결과보어로 취하고 있거나, 또는 두 개의 목적어를 가지고 있을 때 把자문을 쓴다.

他把地图挂墙上了. 그는 지도를 벽에 걸렀다.
你把书包带给他, 好吗? 네가 가방을 그에게 가져다 줘라.

07 피동문

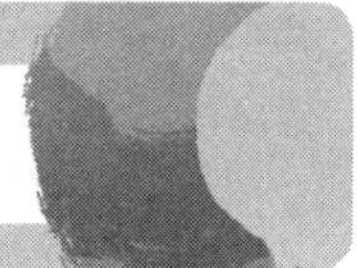

중국어 문법에서 被자문은 제한적으로 사용되는 특수한 구조이다. 문장에서 불행한 일이 발생했을 때 전치사 被, 遭, 挨, 受 등을 사용하여 전치사구를 만든다. 이러한 문장을 被자문이라 한다. 被자문의 주어는 술어동사의 대상이며, 전치사 被의 목적어는 동작의 주체자이다. 동사는 복합동사나 동사구이며, 동사 뒤에 了, 着 등 기타성분을 덧붙인다.

기본형식 피동자 + 전치사(被・叫・让・给) + 능동자 + 동사 + 기타성분
(동작의 대상) (동작의 주체)

특 징

중국어의 피동문에는 두 가지가 있다. 하나는 의미상의 피동문이고, 다른 하나는 전치사를 동반한 피동문이다.

① 의미상의 피동문

중국어의 문장에서 동작의 주체는 일반적으로 주어이다. 그러나 때로는 주어가 동작의 대상이 될 수도 있는데, 이러한 문장을 의미상의 피동문이라고 한다.

信已经写好了. 편지는 벌써 다 썼다.
习惯改编了. 습관이 변했다.
邮票贴在背面了. 우표는 뒷면에 붙여졌다.

② 전치사를 동반한 피동문

주어가 어떤 동작이나 행동을 받는 표현을 피동 표현이라고 한다. 중국어에서는 다음 두 가지로 만들 수 있다.

㉮ 피동문을 사용하는 것

a. 被를 이용한 피동문

현대 중국어의 가장 전형적인 피동문은 전치사 被를 사용하여 만든다.

鱼被猫吃了. 생선은 고양이에게 먹혔다.
孩子被电铃惊醒了. 아이가 벨소리에 놀라 깼다.

이처럼 被는 대개 좋지 않은 일이나 불행한 일을 만나는 의미를 서술하는 경우에 사용되었다. 그러나 오늘날에는 아래 예문처럼 피동문이 광범위하게 사용된다.

他被公司派到北京去了. 그는 회사에 의해 북경에 파견되었다.
他被我们选作代表了. 그는 우리에 의해 대표로 선출되었다.

또한 被의 뒤에 주동자가 놓이지만, 그것이 불특정의 사람인 경우는 人을 쓰며, 被 뒤의 주동자를 나타낼 수 없거나, 필요 없을 때는 被의 뒤에 직접 동사를 붙인다.

他被选作代表了. 그는 대표로 선출되었다.

b. 叫, 让, 给를 이용한 피동문
일반적으로 被는 문어에 많이 쓰이고, 叫, 让, 给는 구어에 많이 쓰인다.

我的自行车叫他借走了. 내 자전거는 그가 빌려갔다.
刚才说的都让别人听见了. 방금 말한 것은 모두 다른 사람에게 들었다.

㉯ 수동의 의미를 나타내는 동사를 사용하는 것
挨, 遭, 受 등은 동사 자체에 피동의 의미를 지니고 있어 피동문의 형식을 취하지 않고 피동의 의미를 나타낸다.

他挨老师批评了. 그는 선생님에게 혼났다.
他受到了表彰. 그는 표창을 받았다.

08 비교문

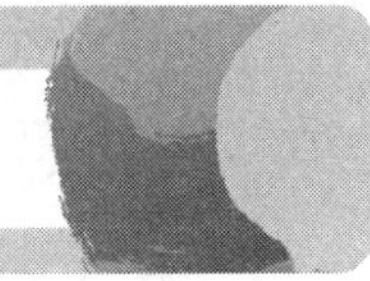

기본형식 A + 比 + B + 차별 + 정도

上海的冬天比北京暖和. 상해의 겨울은 북경보다 따뜻하다.
他比我小. 그는 나보다 작다.
他不比我聪明. 그는 나보다 총명하지 않다.

"有"를 써서 두 사람 또는 두 사물이 정도가 비슷한 것을 나타낼 수 있다. 부정형은 "有" 앞에"没(有)"를 붙인다.

기본형식 A + 有 + B + 那麽(这麽) + 차별 (A 는 B만 못하다.)

我有他那麽聪明. 나는 그 사람만큼 총명하다.
我没有他那麽大. 나는 그 사람만큼 크지 않다.

"跟 ~ 一样"의 형식을 사용하여 두 사물의 비교 결과가 똑같거나 비슷함을 나타낸다. "跟 ~ 一样"과 거의 같은 형식으로 "象 ~ 一样"이 있다. 부정형은 "跟 ~ 不一样" 또는 "不跟 ~ 一样" 모두 쓸 수 있다.

기본형식 A + 跟(和) + B 一样 + 차별 (A 와 B가 같다.)

我跟(和)他一样高. 나는 그와 키가 똑같다.
我的意见跟他的一样. 나의 의견은 그의 의견과 같다.
他的钢笔象我的一样. 그의 만년필은 내 것과 똑같다.
他的皮包跟我的不一样. 그의 가방은 나의 것과 같지 않다.
他的衣服不跟我的一样. 그의 옷은 나의 것과 같지 않다.

부 록

기초 다지기

현대 중국어 문법

작품 번역 연습

01 空 位

简嘉

上公共汽车，王强就发现有个座位空着，这真令他喜出望外。王强这个人挺容易满足，买菜多拣了几根韭黄，或者别人五十元买双皮鞋穿了八天就开胶而他只用四十八元买了同样的鞋并且九天过后才掉后跟－－这么一类事，也能使他开心半天。现在中途上车，正感到身体倦乏，却有个空座位，像是专门为他留的，他不禁有些飘飘然了。老天助我！那么，就坐下吧。他正要下坐，屁股都沉下去半戴，却突然又抬起了－－且慢！这里面有点不对头！这车里其它座位都满着，车道当中站了不少人，为什么偏偏这个座位空着？难道是旅客们喜欢站？都在学雷锋？不不，你瞧那个瘦弱书生模样的中年男子，手细得像麻杆，抓住扶手不胜颠　的样子，他肯定想坐下来，可他不，什么原因？还有旁边这位黑眼红唇大卷毛的女人，那模样绝对是敢于抢座当仁不让的主儿，但她却老老实实站在座位旁边，并不下坐。稍前边有个五十多岁身体发福如啤酒桶的老太太，眼中充满对座位的渴望，然而却装出无所谓的样子，好像站着才有利于减肥长寿。最令人起疑心的是售票员，空座就在她对面，但他并没有提醒哪位乘客去入座的意思。难道她不觉得这情况有些反常？问题就在这椅子上，肯定是有毛病。也许，是皮革上有污渍，别人不敢坐。王强仔细观察，这皮革面子是旧了些，有些发暗，某些地方还有点发亮，这是乘客们长期不懈的磨擦造成的，因此结论是这椅子能坐，看不出有什么异样，再说，即使上面有点什么，用纸擦掉不照样坐吗？

那么，是椅子的某颗螺丝松了？人一坐上去要摔个四脚朝天？王强装成系鞋带的模样，蹲下来仔细观察，随手在几个螺丝处使劲拧了拧，没有发现险情。王强站起来，纳罕地看着这椅子，又看看四周，那红嘴唇卷毛姑娘正对着他意味深长地挤巴眼，啤酒老妇不断斜眼瞟他，书生则发出一连串警告的咳嗽声，这更加深了王强对空座的怀疑，甚至产生了一丝恐惧，他悄悄用脚尖踢了下椅子的铁腿，稳固中似乎有一点晃悠，不知是汽车本身的晃动，还是他的踝关节过于松动，总之他感到了某种潜伏的危机，这椅子果然是不能坐的？这么一想，他释然了，不仅释然，竟有些开心了，周围这些人在暗中怂恿我坐上去，她看我笑话，而我却保持了清醒头脑和高度警惕，让他们大失所望……哈，王强像占了便宜似地暗自咕咕笑起来。

这时车到站了，下去几个人，又上来几个人。上车的一个人满嘴酒气，一边含混地对车下的人嚷嚷；“别送了！……回、回吧！……我没事……”一边横着膀子往里挤。大家都识趣地给他让开路，他那对如免子般的红眼睛说明他已进入另一个境界了。

这老兄嘴里嘟哝着什么，踉跄两步，看见那个空位，“他“咦”了一声，就往那里扑去，这时车突然刹了一下，他前进了两步又退回三步，正好靠在王强身上，王强决定助他一腿之力－－用膝头悄悄朝他屁股上一抵，他立即冲了过去，临近座位时来了个漂亮的空中转体180度，正好让屁股落到椅子上，在此同时，他还迷迷登登地说了声“谢谢！”王强心中暗笑，等着看好戏吧。然而酒仙稳稳当当地坐着。没有任何异常情况发生。酒仙调整了下坐恣，颇有兴致地浏览起窗外街景了，嘴巴一张，吹出颤悠悠的口哨！ 椅子没问题？！

王强疑惑地看着四周的人，他们也正用同样的目光问着他。王强愣怔一会，明白过来，原来如此，椅子没问题，是这帮人太多疑了！遗憾，本来大家都可以入座的，如果愿意，也可以吹口哨，并且还会比这家伙吹得更加美妙动听，可是大家却像傻傻瓜似地研究了半天椅子，让一个醉鬼占了便宜，看来，人太清醒了反而会坏事。车又到站了，上来一个抱孩子的妇女，售贯员发话：“哪位乘客给抱小孩的让个座？”

王强已经下了车，不知道是否有人让座，也许那个酒鬼会抢到这份光荣。王强有些忿忿不平：人都坐满了时，售贾员要别人让座，而有空位，她怎么不招呼大家坐下呢？

原载《文学报》

02 宫廷金表

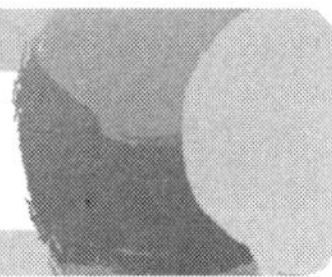

二哥三哥四哥五哥六哥统一战线，导弹原子弹氢弹齐用，向大洋那边的大哥猛烈进攻。

一次次电话，一份份电报，一封封家信，晓之以理动之以情，大哥啊一定要落叶归根，水不是血，血浓于水，即便不归根，也应加来聚一聚亲一亲，给祖宗磕个头，给爹娘上次坟。

大哥身上有一块宫廷金表，价什连城。五十年前，十五岁的大哥出洋时，祖母把金表挂在了他颈脖子上。有小吃店醮醋用的小碟子大，发条钥匙上雕着龙凤，表壳和内件全部纯金。祖父的祖父的祖父教太子读书，雍正皇上一阵高兴，赐了这御表给先生。－－可也有人说，那朝代世上还没有表，计时只是滴水或焚香。

大哥终于表示要回来了，为防大哥厚此薄彼，决定一齐到机场迎接。又拉相见不相识，让大哥把祖母的赠表挂在颈上，也可表示对祖宗的感念。

大哥下飞机了，颈上果然明晃晃金闪闪一个物件，只是没有原来传说的那么大。可不管怎么小，这宫廷金表总归是个稀有之物。

统一战线即刻解体，表落谁手？各人都使出了全身的解数。

于是大哥似乎成了法官，各人都来告状。二哥告三哥，过年过节不看望父母；三哥告四哥，从来清明不上坟；四哥告五哥，总要抠爹娘几个钱；五哥告二哥，有一次打了掩娘一巴掌……

于是，二哥骂三哥坐车不买票，三哥骂四哥偷了隔壁妇人的毛线裤，四哥骂五哥是小妾养的，五哥骂二哥是私生子……

于是，二哥刚破了三哥的脸，三哥打肿了四哥的眼，四哥扬言要动刀子，五哥声明要上法院……

唯独六弟不叁战，还劝你劝他劝各位哥哥不要伤了和气。

护照日期六个月，大哥三个月就走了，临走把表交给六弟；

“看来家门中只有你算是忠厚的。”

六弟棒着这宝贝高兴得咧开了嘴：果然是鹜蚌相争，渔翁可得利。跟着六弟就发愁，这宝物收藏在何处才保险？安了防盗门、保险锁、报警器。柜里、橱里、屉里、箱子里、包袱里，最后把表收藏在鞋堆里。哈哈！偷总不至于去偷一双破棉鞋吧。

再一想，又不可，鼠们咬烂棉鞋咬破金表怎么办……

思过来，虑过去，白天食不香，夜里守住金表不敢睡。三个月下来，可怜六弟声息奄奄，游气丝丝，眼见得就要进火葬场。

父亲病危，儿子赶回来见面。大儿子是银楼技术员，拿住这金表掂了掂："这不是金的，是镀金的。"

二儿子学的考古，仔细瞅了瞅这宝物："这不是古董，是那块金表的复制品。"

原载《短篇小说》

03 花圃春秋

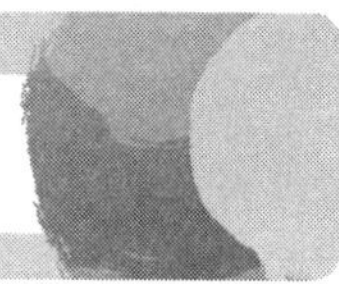

高伟

办公楼前过去没有花圃。记得那年搞文明月，局样关刚搬进这座楼，局长老程看到楼前空地太多缺少美化，就从自己家里弄来些花籽，撒在楼前一块空地上。从此，程局长每天总要早来半小时，拿着喷壶和小锄侍弄一番。机关里的干部们看到程局长天天这么忙乎，便有点于心不忍，也学着局长的样子，每天早来一时半会儿，跟局长一起干。不久，就弄成了这个颇具规模的花圃。

到了夏天，人们便看到鲜艳的一串红、洁白的江西腊、粉红的夹竹桃、高傲的鸡冠花，蓬蓬勃勃，热热闹闹地盛开了，把办公楼衬托得春意盎然。

宣传科贾干事赏花之余，托腮遐思，觉得花圃从无到有，是局领导亲自带头、机关干部积极叁与的结果。事情虽小却反映了机关干部转变作风的问题，很值得总结。于是急就一篇新闻稿投了出去。半月后，文章赫然刊登于省报，并引起了上级主管部门的注意。上面专门派了个检查团下来看了看，见确实有那么回事儿，就奖给单位一块大理石制成的“花园式单位”奖碑，庄重地立于办公楼前花圃之中，花圃又增添了一分景致。

干部们从此也养成了习惯，每天早上班半小时，自觉来到花圃之中，或浇水、或锄草，用贾干事的话说，就是“辛勤培育精神文明之花”。

这一年，程局长离休返乡，单位调来个新局长姓陈。陈局长不了解花圃的光辉历史，程局长交班时也没有把花圃的事当作一项内容。因此，陈局长便没有到花圃里劳动的习惯，但养成习惯的干部们依然坚持到花圃里劳动。

后来单位搞企业升级，干部们都有了岗位责任制，分工明确，责任到人。有一科员周某，常因睡懒觉不能叁加花圃劳动而遭科座委婉批评。一日，周某又遭科座批评后，

忍无可忍严正声明：岗位责任制中并无“天天到花辅劳动”之规定。索性从此不踏进花圃半步。

不料，周某的话赢得了许多人的赞同。久而久之，到花圃劳动者愈来愈少，最后剩下的几位恐怕被同仁误解，也干脆不进花圃了。花圃里的花从此只好自生自灭，天长日久，花

圃变成了草圃。

又一年春天，单位有一四川籍工程师老刘，看到花圃杂草丛生甚是凄凉，就动了恻隐之心。老刘独自一人深入花圃，连续几个星期天和节假日，开荒、锄草、播种、浇水，兢兢业业，令人感动。等到开花时节，人们并没看到往日的一串红、江西腊、夹竹桃和鸡冠花，却见花枝上开过一朵朵小白花后，竟结出一串串青青的辣椒。

于是，机关里引出一场小小的骚动。大家都觉得爱吃辣椒的四川人真会算帐，用公家的地为自己种辣椒，太不像话了！在机关民主生活会上，有人便给老刘提了一条“克服小农经济思想”的建议。

辣椒红了的时候，老刘把摘下的辣椒全部交给了机关食堂。老刘的举动很多人不理解，有人说老刘这是在怄气闹情绪。

今年冬天的一个早晨，大家忽然看到陈局长终于涉足花圃了。只见他手拿一盒火柴，点燃了干枯的野草，大家估计，陈局长明年可能要种花了。

原载《工人日报》

04 梅子的报亭

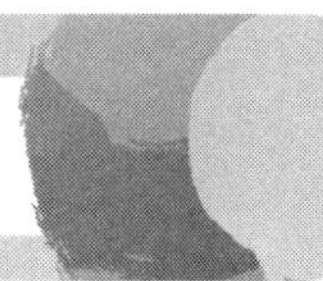

杨檀林

梅子很美，梅子有双晶莹透亮的大眼睛，还有一副亭亭玉立的好身段。梅子很年轻，19岁的芳龄写满了喜悦，写满了憧憬和希冀。

人们都说梅子是个聪颖的姑娘。聪疑的姑娘应该去做个体缝纫，或者时装模特。这是姑娘们的时髦职业，那里有金钱的耀目光环。梅子却另有选择。她搭起了一座小小的报亭，报亭似艘绿色的航船，驶进了喧闹的街头。

报亭前有许多人驻足。梅子像只快乐的小鸟，构筑起一片绿色的温馨。梅子甜甜的笑靥装点着报亭的封面。

每日的上午，总有一个戴副眼镜、穿条黄军裤的青年倚在报亭窗口向内鍐视。梅子把《人民文学》、《写作》《青年作家》等杂志递给他看，他总是等到梅子要回家了才离开。他从不掏钱买杂志。梅子没问他是经济拮据，还是其它缘由。梅子被他看书时痴迷的劲头感动。

他还时常带几个文友一起来报亭，谈论意识流、象征主义及黑色幽默。谈论阿成、苏童、余华等青年作家。梅子凝眸托腮静静谛听他们的争论，象读一首很优美但又很朦胧的诗。梅子现在还不会写作，还不懂文学上的各种流派和主义。

从此，梅子每天都要细细翻阅各种报刊，看看那个戴眼镜黄军装的青年，是否潇洒地出现在杂志上。梅子不知道他的名字，可她脑海里镌刻着那俊秀的面孔。梅子知道很多杂志都会给作者配发照片。

秋日来临，报亭旁边梧桐树的黄叶开始飘零了。那个戴眼镜，穿黄军装的青年很久没来报亭。梅子再也听不到他和他的文友们对文学的探讨了。

许久许久，他终于又来到了报亭，出现在梅子面前＊琅眼镜换成了金灿灿的变色镜，黄军裤不见了。他着一身笔挺的名牌西装，啤酒肚也腆起来了。

他是来给梅子送舞票的，他邀梅子到本市最高级的舞厅去领略现代生活的气息。他说他正在经商，赚了很多钱。

梅子没有跟他一起去跳舞。这天，梅子很早就关了报亭。有人看到梅子眼睛红红的。

翌日，梅子贴出告示，报亭暂时停业。

一年后，梅子的报亭又重新开业。令人惊奇的是，人们在报刊上读到了梅子的诗歌和小说，还配有梅子笑吟吟的照片。

梅子的报亭前更热闹了。

原载《妇女之声报》

05 结

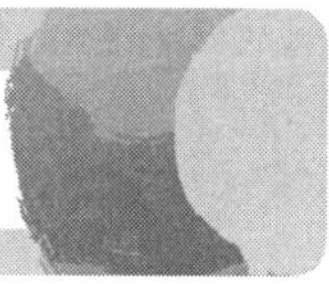

[香港]刘素仪

凤仪早就晓得丈夫阿明是最能讨女人欢心的那种男人。他说话温柔，对待女性尤其温文。所以婚后20多年，仍不断有亲友向她告密，告诉她阿明跟别的女人在一起纠缠的故事。

“阿明真是过份，我第一次跟他握手，发觉他的手又干又冷，我已劝你不要嫁给他！”凤仪的母亲抖着身子说。

“妈！我已嫁给他20多年了，还说这些废话干啥！”

“你嫁他的时候，他还只是一个小广东，现在环境好了，他竟敢有外遇，真忘恩负义！”观仪妈说。阿明因为得到凤仪的协助，夫妇俩已成为一间大型工厂的老板，现时在广东和北京都设了分厂，财富也随着生意日佳而僧增。由于凤仪早知丈夫风流的个性，故此生意愈扩展，她把公司的财权愈抓得紧。

凤仪的好友也走到她的面前，以比当事人更激愤的态度来告密：“你的阿明太离谱了，听说他在外的女人还为他生了个儿子，跟你生的儿子差不多大啊！”

凤仪听了，也只是“啊！”了一声。凤仪不是普通女子，别的女人知道丈夫外面有了人，大多是歇斯底里地大吵大闹，末了少不了离婚收场，不然也只能在破镜不能重圆的情势下维持婚姻，互相折磨半生终死。

凤仪对女友说：“个个男人都有一颗蠢动的心，换一个男人可能还是一样会去找别的女人。何况阿明每次出外幽会都苦心经营些藉口才去，证明他还是舍不得我，肯顾住我的面子。他不提出离婚，我也绝不会。那个女人做没有名份的情妇，做私生子的妈妈，比起我这个被丈夫背叛的妻子，不是更为难受吗？”

“凤仪，你真是冷静得叫人害怕。”友人说。

“唉呀！我的儿子也快要入大学了，还跟人争风呷醋去？”可是心底里凤仪还是恨得要命，她知道一日不拆穿阿明，他外头的女人根本就没有地位，而那私生子也休想分得他们的财富。她认为只要沉得住气，漠视就是最佳的报复。凤仪自问是个胜利者，她认为男女之间的爱情不能维系一生，名份、家庭、孩子才有这样的力量。

这时阿明已病危了，凤仪伴在病榻旁。

“凤仪，请你原谅我。”阿明说。

“你养情妇的事，我早已接受了，你和情妇苦恋一生已是你的惩罚，不用我原谅。”凤仪冷静地说。

“不是这个。20多年前我把你生下的儿子跟我和情妇生的调换了。你放心，我在外头的女人对你生的儿子十分好，像你疼爱她生下的一样，希望你乃念血浓于水，也给你所生的养在外头的儿子一份财产。”气得苍白的凤仪像输掉了一生筹码似地呻吟了一句：“你这人……”阿明就断了气。

原载《台港文学选刊》

06 陈老师下海

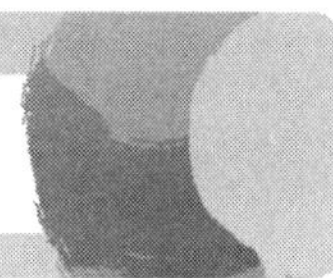

郭星

陈老师想跳槽做生意。如今有了机会，于是这位没出过远门的汉子暑期飞深圳了。陈老师的表哥在深圳开公司，联系了一家港商愿出资在新开发区建汽车装配厂。到那里的头一晚，表哥做东，在新都大酒楼宴请。包的单间幽雅肃静。听说一次饭局不算酒水也要四千元。陈老师暗自咋舌。几位花团锦簇的小姐走马灯似地服务，问他上什么饮料，他要“可乐”。人家全喝矿泉水！这阵势他瞅着眼晕。“各位要喝什么？”表哥发问。港商公司的孔代理这时眼光闪闪向陈老师狡黠笑道：“北京人爱喝二锅头啦！”一语中的，他忙客气笑答：“是！”“还有大白菜啦！”孔代理又悠然笑道。一席人听了都笑，连服务小姐也笑。他脸红，不知所措，“跟商人打交道，你别太斯文呀！”表哥大咧咧笑着对他说，又指孔代理道：“他是绍兴农村人，照咱北京人讲话，没几年工夫也混出人模狗样了！”老北京的诙谐话孔代理未听明白，陈老师则壮了胆，如释然解放一般，毕竟为师者锐颖未腐，便笑向孔代理道：“二两绍兴酒，一碟茴香豆！据孔先师所云，茴字三种字法，在此请教啦！？”孔代理不知所云，也红了脸，博得满堂欢喜大笑。

第二天商业谈判开始，三方正襟危坐。虽彬彬有礼，却立马儿开始交锋。陈老师第一次见这场合，愣比看戏还兴奋。谈判渐入主题，什么数字价格、专业术语、中文英文，他越听越头脑涨大，此刻才惊叹原来对手们都是专业干才。你看这些人，或侃侃而谈，或剑拔弩张，或强颜欢笑，或背后骂街！进展、停滞、迂回、逆转，陈老师几乎累倒了。他跟表哥茶余饭后歌厅舞厅去调停、劝解、中庸、撮合，他嗓子发炎，眼珠变红，在几近绝望的时候，才终于步入“柳暗花明”的境界！双方在各种文件上签字了。“多亏陈老师啦！”之后大家都跟他这么打哈哈。在最后的庆贺宴上，孔代理起身笑向他敬酒，话仍惊人：“我常去北京啦，商店的售货小姐态度厉害呀，应该改正啦！”陈教师已学乖了，站起蛮潇洒诙谐地笑答：“所以要砸铁饭碗啦，要学深圳啦！”说得满桌上喷饭而笑。老同学也举杯笑道：“北京给政策，就全搞活啦！”大家为此向陈老师敬酒，好像他是管政策的！

暑期后，陈老师又回课堂了。学生们发现，陈老师像变了一个人，精神抖擞！他教的课也注入了清新活力。奇怪的是他却不提跳槽的事了。

原载《北京晚报》

07 他和他的遗像

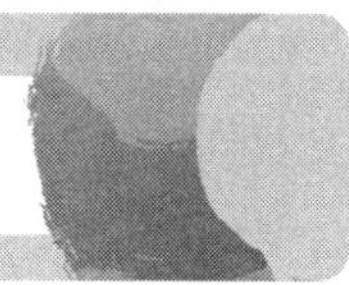

何葆国

太阳光被乌云遮盖，紧接着，风号叫着来了，呼呼……呜呜……

昨日，广播匣子通知说，由于受六号强台风的影响，今天全乡将有暴风雨。昨晚阿洁就不能睡安稳了。现在，她所担忧的时刻到了，她的心更加不安地狂跳。

他会怎么样呢？一个人在外……

阿洁紧结着眉头，心里一片空茫茫，全没了主意。她关上所有窗子，可是立即觉得太闷了，却再也不容易打开了，因为风顶着。她狠狠地推，一咬牙，窗子推开了，风呼地灌进来，仿佛当面给了她一掌。

阿洁踉跄几步，站稳了，她心里愈加焦急地想着：

　他会怎么样呢？一个人在外……

　这么猛的风！他会怎么样……

他那瘦巴巴的身子，平时大家开玩笑说一阵风就能刮倒的，今天这么猛的风，不会把他刮倒吗？

都怪他自己，工作起来没日没夜的，今天跑这个村，明天跑那个寨，全凭一架破脚踏车，咔啦咔啦的，一到村就跟农民粘在地里，总是弄得一身泥，哪像个乡长模样啊……不要命地工作，又不注意营养，吃两餐冷饭是一天，泡快熟面也是一两天，身体又不是铁打的，怎不会垮下去啊……

风更猛了，忽然间，四周响起壁劈啪啪的雨声，像密集的点射一样。一时风雨交加，好像千军万马，呼啸着把整个木房子团团围住。

阿洁不停地搓着手，她的心随着风雨声一阵阵地抽紧，她拿不定主意。

到底，要不要给他送雨衣呢？这么猛的风，这么大的雨，他独自一人在外……不送，报复他一下。去年元旦，他们还在度蜜月，过了三十岁才结婚的人，本来应该更那个一些，可他不仅宣布两年内不要孩子，而且心里很快就没有她了，成天埋在什么《乡镇企业五百问》，什么《制茶技术》鬼书里面。元旦那天，给他买了电影票，居然不去，说你去吧，我无论如何要在晚上完成创办茶厂的可行性报告。见你的鬼，一个人去就一个人去，哼！还假惺惺地说，如果天下雨了，我给你送伞。雨果真在散场时下来了，却不见他半个人影，直到雨差不多歇了，他才慌慌张张跑来。好，今天我要报复他一下……可是，他的身子那么差，这么猛的风，这么大的雨，他吃得消吗？

风挟着豆大的雨粒，从窗子打进来。等阿洁费劲关紧窗子，地上已淌着许多水，身上也湿了一半。阿洁用手扫去衣服上的雨珠，在床上坐下来。阿洁心中排浪般地翻腾着那个执着的念头：

他一个人在外，会怎么样呢……

这时，风更猛了，雨更大了，好像两个魔怪，把整个木房子摇得嗄嗄直响，桌上的台历都震到了地上。

阿洁似乎听到木板发出一阵哀怜的声音："挺不住了，挺不住了……"

天啊，这么猛的风，这么大的雨，这房子快要倒啦。都怪他！都怪他！本来乡政府分给一套新房，他却让给了别人，现在好，这房子快要倒啦，这么猛的风，这么大的雨，…。不行，不行，得赶快给他送雨衣！我的冤家呀，这么猛的风没把你刮倒吧，

这么大的雨没把你浇湿吧，我这就给你送雨衣，这就去！这就去！

阿洁把他的黑雨衣挟在腋下，抓起一把伞，猛地打开房门，可是她还没走上几步，就听见房里啪的一声，有什么东西从板墙上掉在地上。风确实太猛了……。

她回头一看，原来是他从墙上掉下来了。那是他的遗像。

一个月前，他积劳成疾而英年早逝。但是他一直活在她的心中。

(原载《特区工人报》1993年2月12日

08 冬雪黄昏

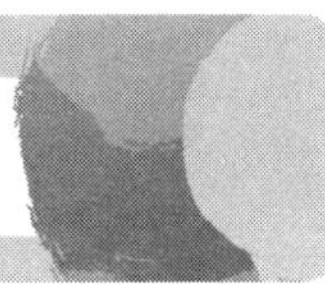

贾旭

傍晚，细雪仍下着，他又默默地坐在了这条长椅上，咀嚼着他那惆怅和遗憾的故事……

三年前，车间来了个漂亮的女大学生－－陆雅，她那闪亮的眸子，高雅的气质，令“光棍儿协会”的歌们心境摇动。有的邀她看电影，有的请她跳舞。她笑笑摇头。而当她加工大工件时，他悄悄帮她上货下货。每当他带了好饭菜时，默默地拨到她的饭盒里，他那固执的神情使她只好接受。而当他业大功课遇到难题向她求教时，她热情相助，象是回报，象是……他们的目光相碰时，她红着脸垂下头。她刚22岁。他生性谨慎、胆怯迟迟不敢迈出那决定命运的一步，他找到车间里为人热心豪爽的洪姐作媒时，洪姐爽快地答应找陆雅谈谈。

可当他在焦虑中熬煎数日后，洪姐告诉他陆雅有男朋友了，是本局何经理公子……

他垂下了头，咬着下唇。当他作业遇到难题时，不再找她了，再带好饭菜也不拔给她了，只是见她搬弄重工件时，还是默默帮一把。当他们目光相遇时，他将脸扭向一边。

一个月后，她调到公司去了，听说是何经理拍板。又过一个月，洪姐也突然调进局办公室。

上周，他因查一个数字，把几年来的笔记本都翻了出来。忽然，他发现三年前的笔记本中蹦出了两行娟秀的钢笔字。

“今晚六点半，请在红叶公园西边第三条长椅等我。如你认为没必要，可不来。

一九八九年十一月十三日

他认出这是陆雅的笔体，因为他常把笔记本放在工具箱上。他发疯地捶着自己胸口。这一夜，他失眠了。

他犹豫再三，还是写信，向她解释了失约的原因。连日来，每到傍晚他都要到红叶公园西边第三条长椅坐坐。

“嘎吱、嘎吱”踏雪声在他身后停住了。

他回头一看，吃惊地喊了起来：“陆雅。”

她身着红呢子大衣愣愣地站在他身后。

“我看到你的信了。”

她低低地说：“三年前，洪姐为我介绍何经理的儿子时，我问起了你，她说你已与女朋友快结婚了，我、我就答应了。现在你怎么样？”

“我还是一个人……”

“嘀嘀……”公园入口响起了汽车喇叭声。

“催我了。你快回去吧，别冻坏了。”她噙着泪水，一步三回头地走了。

“大雪天你往哪里跑？”汽车处传来男人的埋怨声。

夜幕低垂，他久久地伫立在雪中，明天可能是个好天。

原载《青年文学家》

09 难忘今宵

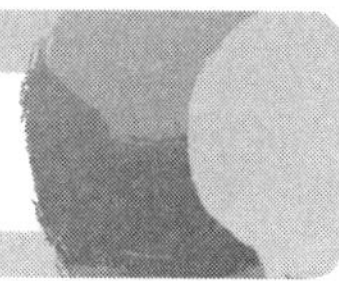

张记书

当他和妻生了气，打了架，就十分相信埋在心底十几年的她。于是，就一个劲地抽烟。烟蒂在烟灰缸里堆成小山，就给她打电话，约她晚上七点半到青年影院看电影。她的心是连着他的神经的，一个电话，她就屁颠屁颠地赶来了。

电影上演的是《昨天的情侣》，男女主人公的命运和他们很相似。他们就跟着流泪，跟着叹息，跟着依偎在一起……

不想，电影是跑片，刚演到兴头上，就中断了。暂停10分钟，亮起的灯光将他们分开。他想小解，就向而所走去。突然他眼睛一亮，不远处一对情人也在缠绵，他觉得女的背影很熟悉，再一瞅，是妻子。男的是10多年前她父母不同意吹了的他。当他急匆匆从他们身边走过时，他觉得妻似乎抬了一下头，但很快又低了下去。

电影重演时，他回到了座位上。他突然抓住她的手说："我们别看电影了，看得心里怪难受的！到河边走走好吗？"

"随你。"她向来听他的。

河边的月光，皎洁动人。河边的情侣，窃窃私语。

然而，这些却失去了应有的诗意。离开影院，脑海里却时时浮现另一幕电影：妻子和她情人的镜头。

深夜11点锺，他回到家里。妻正坐在灯下打毛衣。见到他时有点慌乱，不大自然地说："今晚这毛衣打得真顺手。一晚上织进二两线哩！"

屁，做什么戏哩！毛衣并未织多长；怎么就能织进二两线呢！他心里说。

妻说："今晚加班要好？"

他随口答："好。"

空气似乎凝结了。他们久久对视着，好象都找不到合适的话语，来表达此时愧疚至极的心境。

平日总是埋怨窄而拥挤的小屋忽然变得空旷寥寂，象是一片漫无人烟的荒漠，幽穆又孤冷。他和她都感到一阵恐惧，一种从未有过的孤独的恐惧……

他们不约而同地走向对方，两人紧紧抱在了一起。

选自《泉州晚报》

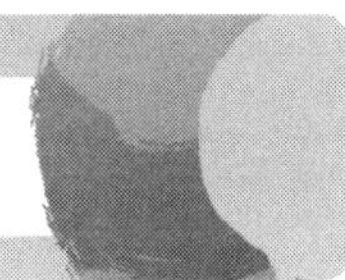

10 天鹅落在塘里

卢嘉庆

在我家门口，隔着路，视线越过一片草地，就是那眼池塘了。池塘水色，并不清秀。但塘却大得象小湖。唯其大，即使渔人撑了竹排，四下撒网，或八叔那群鹅游嬉其间，也只能荡漾些许不太显眼的涟涟漪漪。

也有不平静的时候，比如那年秋风送爽时节，有天午饭时，八步来到我家，略带惊诧地说：“塘里有只象鹅的鸟，我见它飞下来的。”

外祖父正在我家作客。他说：“怕是天鹅。”

八叔说：“出去看看，怕是呢。”

外祖父年轻时下山打柴，偶然在清清山湖里见过天鹅。外祖父说，天鹅是湖中神鸟，鸟中俊者，顶好看顶好看的。

临池而望，那只象鹅的鸟就赫然入目。

外祖父兴奋地说：“没错，没错，天鹅。”

八叔说：“嗨嗨，天鹅，天鹅落在塘里。”

天鹅赭冠，细脖，毛色雪白，纯极了净极了。比照起来，八叔那群鹅真是太俗，太土。莫非天鹅吸了湖光山色，而八叔那群鹅只知贪吃五谷又长在池塘里？

消息不胫而走。许多乡邻涌来争睹天鹅。吱吱喳喳的，天鹅依旧怡然自得，轻盈地游到了八叔那群鹅一旁。但八叔的鹅叫着嚷着拒绝它；甚至，一只雄壮的公鹅在驱逐它。

外祖母对八叔说：“你看，你的鹅连天鹅都敢欺负了。”

八步说：“能怪我的鹅吗？谁叫它落在池塘里？”

不仅八叔那群鹅没对天鹅表示多少善意，我身旁的乡邻也在深讨着捕捉天鹅的方案——

“用张大网一撒，准逃不脱。”

“说容易，你靠近，它不会飞吗？”

“那就从水底潜过去。”

“嘿嘿，捉鳖哟。”

“那就……”

方案未定，却有人有了行动。对岸那边，一个人举着猎枪，趟进了池塘。

八叔大声说：“我的鹅，别打中我的鹅。”

而天鹅呢？外祖父说过，从前的的猎人是避忌捕杀天鹅的！外祖父拾起一块石头，示意我往池塘甩。我将石头捏在手里，却犹豫了起来。

天鹅那么美那么静，留它永驻塘里，点缀一池平庸之水不好吗？但是，那人已渐渐近了。我一石头飞过去。许是距离问题，天鹅仅仅伸一下脖子，不明白我这个传递危险的信号。“一声枪响，天我惊叫。它中弹了。经哪里想到落在池塘里会有这等遭遇？有人为枪手叫绝。抢手一阵欢喜。天鹅扑打着翅膀。它还要起飞。它艰难地飞起来了。它摇晃着，留下串串哀鸣，很痛苦，很凄凉。

外祖父说：“还好，天鹅还能飞。”

小叔说：“还好，没有打到我的鹅。”

原载《阅读与写作》

11 早熟

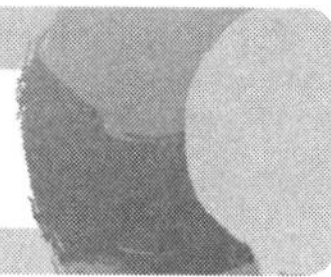

单文建

下午，姚雄从幼儿园把儿子接回来。进了家门，还没来得及喘口气，儿子就摆出一副格斗的架式，叫道：“爸爸，顶头！”

儿子大成今年三岁，生得虎头虎脑，是姚雄两口子心头肉。姚雄笑吟吟地在沙发上坐下，身子往前一倾，手搭住儿子的肩，头抵住儿子的头，然后与儿子一齐“呀呀”地尖叫着，像两只斗牛一样僵持在一起……

约摸过了半分锺，姚雄做出支持不住的样子，仰面倒在沙发上。儿子得意地直起身来，扫了姚雄一眼，说：“真没用！”就自己玩儿去了。

过了一会儿，妻子回来了。妻子进屋后看了看儿子，忽然想起什么似的把姚雄拉到了厨房，小声说。

“你发现没有，咱们儿子最近有点儿不对头。”

“怎么不对头？”

我发现儿子有点早熟。真的。每次看电视的时候，他总是对里面的接吻的镜头特别感兴趣。你说这是不是早熟？”

“早熟？早熟也不会早到这个程度呀！咱俩那时，都大学三年级了，我还……

“行了行了，别提你了！青出于蓝而胜于蓝嘛。”妻子抿嘴一笑，遂又正色说道。

“今晚看电视的时候你注意一下他。不过……要是不太严重的话，最好用谈话的方法处理。”

“知道知道，交给我了。”姚雄满口答应。

晚上，一家三口看电视，一部美国电视剧。姚雄有些心神不宁，手里不停地揉搓着一张报纸。妻子捧着一只茶杯，警惕地注视着儿子，儿子浑然不绝，低着毛茸茸的大脑袋，摆弄着手里的变形金刚，不时抬起头来看看屏幕……

屏幕上，一对情人漫步月下。一会儿，两人停住脚步，相对凝视，尔后，两颗头渐渐靠近……

婚雄与妻子迅速交换了一下眼色，又同时去看儿子－－

大成恰好这时抬起头来，当他的目光一触到屏幕，立刻变得兴奋起来。拿着变形金刚的手僵在胸前，两眼直直地盯着屏幕，鼻孔翕动着，嘴巴半张着，脸上露出一丝陶醉的微笑。

姚雄心里一沉，但还是不动声色，说道：

“大成，给爸爸把烟缸拿来！”

大成极不情愿地站起身来，走到外屋……

“把电视关了吧？”妻子忧虑地说。

“再观察观察！”姚雄皱起了眉头。

大成拿来烟缸。三个人继续看。

屏幕上，那对情人进到屋内。窗前，月光如水，两颗头又渐渐靠近……

大成脸上又出现一片痴迷……

“大成，把烟缸拿来！”姚雄厉声叫道。

“烟缸不是拿来了吗？”大成目不转睛。

“把火紫拿来！”姚雄气急败坏。看来谈话是不行了。

大成却还是一动不动：“等我把这个好看的看完再拿。”

“什么？”姚雄勃然大怒，“呼”地站起身来，吼道：“好看的！看完！你……你要看到哪儿才算完？”

大成被这突如其来的咆哮吓呆了。他仰头看着怒容满面的爸爸，结结巴巴地说：

“我……我看看……看看他们到底谁顶得赢。”

“顶？……”

姚雄怔怔地看着儿子，一时回不过神来。妻子却蓦地将一口茶水喷在地上，笑得说不出话来。儿子委屈万分，扁扁嘴，终于忍不住，“哇”的一声哭了。

原载《短篇小说》

12 风 光

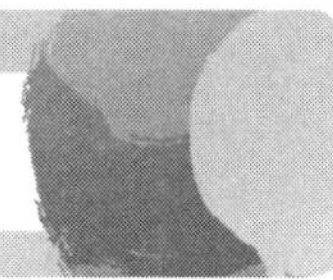

岸边

本来就很风光的月岩寺，大年初一更风光了。寺里，四面八方香烛烟雾缭绕袅袅升腾，高宇亭榭花草树石显示出一种别有情趣的朦胧美来，宛如仙山琼阁。今年比往年更热闹，慕名来观赏新近落成的白玉石巨型观音菩萨的游客，象潮水般涌来。这尊巨型观音菩萨，是由外地请来的能工巧匠精心雕刻而成的，塑得栩栩如生，活灵活现，都称它为活菩萨。游览观赏的，磕头烧香的，抢拍镜头的。象雨后春笋……

我和妻子生怕谁被挤丢失了，手紧拉着，穿过一道又一道的人墙，大汗淋漓，肚子已饿得“咕咕”叫了。

“阿忠，抓紧拍几张照片留作纪念吧！”妻说。我选中庙后面那道悬岩峭壁上六七米高处的石岩腔，便小心翼翼地爬了上去。妻说，石岩腔象座神坛，我是个秃顶，服装颜色与岩石差不多，站在里面晃眼一看象个菩萨。于是，我端庄地挺立着，双手作揖，面带慈容，正想叫妻子快拍照，说时迟，那时快，男女老少一大群，象翻江倒海的浪涛，汹涌澎湃地奔涌过来，由不得妻子诉说什么，前呼后拥地把妻子淹没在茫茫人海中。

我正想小心地爬下峭岩，只见脚下已有不少人往我所在岩石脚下，埋头抢着敬奉梨子、苹果、广柑、鸡蛋、面包、饼干……虔诚地烧香磕头忙个不停，嘴里还不停地念着“阿弥陀佛菩萨保佑”。如果我踩虚脚擦下去，准会惊吓人，踩伤人，后果不堪设想。活菩萨就活到底吧！我巍然不动，过着菩萨瘾，好不风光。一只小虫子爬上鼻尖，痒得我心烦，也不敢乱动－－我是菩萨呀！就让小虫子肆无忌惮地猖狂一阵子吧。

岩顶边上，花红柳绿，树影婆娑，在春光明媚的阳光下，投给我大半个身子大的暗影。好大一阵，在我脚下顶礼膜拜的香客们，仍不识“庐山真面目”。为此显赫风光，

真使我自鸣得意，沾沾自喜……我是菩萨，怎能向黎民百姓作揖呢？我趁众人俯首祷告不注意时，慢慢放下作揖的双手，缓缓地蹲坐下来，双手稳重地放在膝盖上，务必象四川乐山大佛一样，双目炯炯有神。

“看罗！”忽然有个小孩象哥伦布发现新大陆似地惊喜：“菩萨穿的是火箭皮鞋！”

我弄巧成拙！麒麟袍下露了马脚，浑身颤动起来。

“菩萨活了！”又是小孩的惊叫声。

信徒们仰望，我尴尬地直顾作揖，深表歉意：“误会误会！天大的误会！我是爬上来照相的，这地方不是我久留之地。”

选自《中外企业报》

13 语言感受的灵感度

秦牧

文学工作者应该培养起自己对语言的敏感，才有利于遗词用字，写出明确·清晰·生动·鲜明，节奏和谐·音调优美的作品来。

在一个精密仪器展览会上，我看过一部灵敏度很高的天平。人们放一张纸片上去，天平可以精确地称出纸片的重量。如果把纸片拿下来，写上一个字，再放上去称，在原来砝码不变的条件下，放置纸片一头的秤盘会稍微低了下去。换句话说，这种精密天平的灵敏度连一个字的重量它都能够反映出来。

参观的时候，我心里想："文学工作者对于词语感应的灵敏度，也得塞似或者超过这具精密天平才好！"

每一个行业的"行尊里手"，他们的内行表现在什么地方呢？归纳起来，大抵是他们对于所从事的行业具有极其丰富的知识，能够应付各种复杂的状况，他们既掌握工作领域内事物的一般性，又掌握其特殊性。还有，就是对于业务范围内大量事物具有高度的敏感。

这些话是什么意思呢？其他的暂且不谈，这儿光谈"敏感"这一桩吧！

高明的机器师傅，能够在机器隆隆的运转声中，从细微的异样音响，马上察觉机器出了毛病，立刻加以修理。而在修理当中，他们又能够从细微的异样中，看出毛病究竟出在哪一个零件上。换句话说内行的机器师傅之所以卓越，条件之一，就是对于机器情形和它的运转声音的敏感。

高明的茶叶师傅，能够呷一口混合茶，立刻分辨出这是哪几种茶叶混合冲出来的，例如，他们会说："龙井，乌龙和普洱的混合茶。"如果是单一种类的茶，他们又能立刻鉴定这种茶属于哪一级。有些出色的茶叶师傅，就是专凭他们味觉异常灵敏的舌头来干这一行当的。高明的音乐家，能够从他指挥的乐队的演奏当中，听出某一个乐手偶然的差错。它对于乐音的感觉是灵敏是灵敏过人的。

高明的画家，能够从色调近似的颜色中看出他们的不同来。例如绿色中的墨绿·湖水绿·鹦哥绿·浅绿等等。湘绣名家也是这样，一种颜色，从最浅到最深，可以分成十三种。这些高明画家和刺绣名家，他们都具有对于色调的强烈的敏感。

这里不过是举出几个例子罢了，可以说，各行各业的“行尊里手”，区别于他们的重要标志之一，就是对于自己业务上的事情，具有异乎寻常的敏感。

文学工作者，达到比较成熟境界的，理所当然，也应该有他们对于某些事物的特殊敏感。

对于政治的敏感，对于生活素材的敏感，对于人物性格的敏感，……这都是作家必然要有的吧，而在各式各样的敏感中，有一项，应该说是对语言，对词汇的敏感。

一个优秀的作家，应该是能够对各种各样的词儿的精确含义，都有高度的敏感才对。修辞学者陈望道曾经举例说，“吃不起”“吃不来”“吃不得”“吃不了”这几个短语，虽然仅仅是一字之差，然而它们的意义是各不相同的。这话很有道理。“吃不起”，表示东西贵，“吃不来”表示口味不合，“吃不得”表示那种食物有毒或腐败，“吃不了”表示肚子太饱，再也吃不下了。具有语言的敏感，能够辨别词语的细微差异，就可以写出比较贴切简明的作品。例如，说“这个，我吃不来”就行了，不需要讲“这种食物不合我的胃口，因此，我吃不来”那样罗嗦的言语。

一个陷入情网的姑娘对着他的爱人说“衰鬼，讨厌”，实际上并不是詈骂，而是昵称和打情骂俏的爱恋的胃口，一个外交家给一个关系不好国家的官员写信，称呼什么“尊敬的……阁下”或者自称什么“你的诚实的朋友”什么什么的，实际上可能对对方本来并没有丝毫尊敬和诚实。领会这些话，需要以对人情世事的了解为基础，对于语言的敏感，并不单纯是一个学习语言的问题。

我们如果注意人们新鲜活泼的口语，就会发现，人们并不总是用概括性很大的字眼来表现事物的。例如，讲出钱买什么买什么，“买一斤猪肉”“买一只斤戒指”“买一剂药”“买十斤米”等等，实际上人们并不总是用一个“买”字的。请看：

“去割(或斩)一斤猪肉回来吧！”

“她想打一只金戒指。”

“赶快去抓一剂药回来！？”

“我想去籴十斤米。”

“他打算圩上去牵一头牛。”

“我要到市上去称几斤西红柿。”一个人如果习惯用概括性很大的字眼来描述动作，老是说“搞工作”“搞学问”“搞恋爱”“搞煤”“搞通思想”“搞风潮”，而不懂得有时得讲“做工作”研究学问”“谈恋爱”“解决煤的问题”“打通思想”“闹风潮”……那么，作品写出来有时就显得平板无味，缺乏光泽了。

词语是非常丰富的，从前曾写过一篇题为《在词汇的海洋中》的小文，提到人们对各种东西单位称谓的千差万别，例如：一个人，一匹马，一峰骆驼，一尾鱼，一艘船，一架飞机，一台拖拉机

一阕歌词，一出戏，一口井，一眼泉，一泓清水，一服药，一根针一绺头发，一朵花，一团乌云，一抹斜阳，等等。

一个文学工作者，时时刻刻都不应该忘记掌握大量的词儿和准确地遗词用字。只有在准确性的基础上，去谈流畅·生动·精练·华美，那样的文字加工才是可取的意思表达得走了样，人们听起来不清不楚，文字的优美又有什么用呢！福楼拜的描述格言是："应该准确地用一个名词来称呼事物，用一个动词来标志动作，用一个形容词加以形容……决不应该蒙混。"这些话是很值得我们寻味的。

对于意义相近而在程度上轻'重'淡不同的词语，我们固然需要分别把它们牢牢记住，就是对于意义大体相同，而字眼不同的词，"兼收并蓄"，大量记住它们也是大有好处的。例如青'翠'碧绿。又例如倾盆大雨"瓢泼大雨""豪雨""暴雨"，它们的意思是差不多的。记住意义类似而字眼不同的大量词语，写文章写诗歌的时候，谈到同一件事情，字眼的不断变化可以使笔墨不致流于呆板，色彩也多些变化。

我们一定得提高自己对于语言感受的灵敏度。一个对于语言精确性掌握不足的人，是很难在"语言艺术"这个领域里纵横驰骋的。

我们的脑子里也需要有一具权衡一个个词儿的性质'重量'色彩和音响的精密的天平！

选自《语林辨英》上海文艺出版社

14 京 白

萧乾

五十年代为了听点儿纯粹的北京话，我常出前门去赶相声大会，还邀过叶圣陶老先生和老友严文井。现在除了说老段子，一般都用普通话了。虽然未免有点儿可惜，可我估摸着他们也是不得已。您想，现今北京城扩大了多少倍！两湖两广陕甘宁，真正的老北京早成“少数民族”啦。要是把说话纯了，多少人能听得懂！印成书还能加个注儿。台上演的，台下要是不懂，没人乐，那不就砸锅啦！

所以我这篇小文也不能用纯京白写下去啦。我得花搭着来---“花搭”这个词儿，作兴就会有人不懂。它跟“清一色”正相反。就是京白和普通话掺着来。

京白最讲究分寸。前些日子从南方来了位愣小伙子来看我。忽然间他问我“你几岁了？”我听了好不是滋味儿。瞅见怀里抱着的，手里拉着的娃娃才那麽问哪。稍微大点儿，上中学的，就得问：十几啦？问成人“多大年纪”。有时中年人也问“贵庚”，问老年人“高寿”，可那是客套了，我赞成朴素点儿

北京话里，三十“来”岁跟三十“几”岁可不是一码事。三十“来”岁是指二十七八，快三十了。三十“几”岁就是三十出头了。就是夸起什么来，也有分寸。起码有三档。“挺”好和“顶”好发音近似，其实还差着一档。“挺”相当于文言的“颇”。褒语最低的一档是“不赖”，就是现在常说的“还可以”。代名词“我们”和“咱们”在用法上也有讲究。“咱们”一般包括对方，“我们”有时候不包括。“你们是上海人，我们是北京人，咱们都是中国人。”

京白最大的特点是委婉，常听人抱怨如今的售货员说话生硬---可那总比带理不理强哪。从前，你只要往柜台前头一站，柜台里头的就会跑过来问：“您来点儿什么？”哪件可您的心意？“看出你不想买，就打消顾虑说：您随便儿看，买不买没关系。”

委婉还表现在使用导语上。现在讲究直来直去，倒是省力气，有好处。可有时候猛孤丁来一句，会吓人一跳。导语就是在说正话之前，先来上半句话打个招呼。比方说，知道你想见一个人，可他走啦。开头先说。“您猜怎么着---”；要是由闲话转入正题，先说声：

“喂，说真格的---”，就是希望你严肃对待他底下这段话。

委婉还表现在口气和角度上。现在骑车的要行人让路，不是按铃，就是硬闯，最客气的才说声“靠边儿”。我年轻时，最起码也得说声“借光”。会说话的，在“借光”之外，再加上句“浅身泥”。这就替行人着想了，怕脏了您的衣服。这种对行人的体贴往往比光喊一声“借光”来得有效。

京白里有些词儿用得妙。现在夸朋友的女儿貌美，大概都说：“长得多漂亮啊！”

京白可比那花哨。先来一声“哟”，表示惊讶，然后才说：“瞧您闺女模样儿出落得多少灵啊！”相形之下，“长得”死板了点儿，“出落”就带有“发展中”的含义，以后还回更美；而"水灵这个字除了静的形态(五官端正)之外，还包含着雅‘娇’甜嫩等等素质。

名物词后边加“儿”字是京白最显著的特征，也是说得地道不地道的试金石。

正像英语里冠词的用法，这“儿”字也有点儿捉摸不定。大体上说，“儿”字有“小”意，因而也往往带有爱昵之意。小孩加“儿”字，大人后头就不能加，除非是挖苦一个佯装成人老气横秋的后生，说；“嗬，你成了个小大人儿啦。”反之，一切庞然大物都加不得“儿”字，比如学校，工厂，鼓楼或卫门。马路不加，可“走小道儿”“转个弯儿”就加了。当然，小时候也听人管太阳叫过“老爷儿”。那是表示亲热，把它人格化了。问老人。“您身子骨儿可硬朗啊”，就比“身体好啊”亲切委婉多了。

京白并不都娓娓动听。北京人要骂起街来，也真不含糊。

可北京更讲究损人---就是骂人不带脏字儿。挨声骂，当时不好爱。可要挨句损，能叫你恶心半年。

有一年冬天，我雪后骑车走过东交民巷，因为路面滑，车一歪，差点儿把旁边一位骑车的仁兄碰倒。他斜着瞅了我一眼说：“嗨，别在这儿练车呀！”一句话就从根本上把我汽车的资格给否定了。还有一回因为有急事，我在人行道上跑。有人给了我一句：“干吗？奔丧哪！”带出了恶毒的诅咒。买东西嫌价钱高，问少点儿成不成，卖主朝你白白眼说：“你留着花吧。”听了有多窝心！

참고문헌

劉月華, 潘文娛, 故韡 著,《實用現代漢語語法》, 外語教學與研究出版社, 1983.
趙永新 編著, 漢語語法概要, 北京語言學院出版社, 1991.
房玉清 著, 實用漢語語法, 北京語言學院出版社, 1992.
孫德金 著, 漢語語法教程, 北京語言學院出版社, 2002.
香坂順一 著, 정헌철 편역, 중국어학입문, 고려원, 1986.
허성도 역, 현대중국어어법론, 사람과 책, 1997.
박덕준 역, 중국어문법, 진명출판사, 1993.
임정빈 외, 중국어어법의 모든 것, 동양북스, 2012.
김종호, 중국어 쉬운 문법, 다락원, 2011.
정윤철, 현대중국언어학개론, 소통, 2008.
김현철 외, 현대한어 어법연구과정, 차이나하우스, 2007.
맹주억, 현대중국어문법, 청년사, 1997.
최병덕 외, 현대중국어실용어법, 고려원, 1994.
박춘범, 실용 중국어 문법, 중문출판사, 延邊, 1985.
장홍권, 현대언어학, 연변출판사, 1989.
김용운 외, 중국언어학개론, 중문출판사, 1994.
권정용 역, 해설종합현대중국어, 학고방, 1995.
양경애 역, 현대중국어문법, 지영사, 1994.
남궁양석, 중국어기초문법, 시사출판사, 1997.
영남대어문학연구실, 중국어문학논총, 중문출판사.

 **오길용**

· 전북대학교 중어중문학과 졸업
· 전남대학교 대학원 문학석 · 박사
· 현 군산대학교 중어중문학과 교수

기초 다지기
현대 중국어 문법

초판인쇄 2014년 08월 21일
초판발행 2014년 08월 27일

저 자 오 길 용
발 행 인 윤 석 현
발 행 처 제이앤씨
책임편집 최인노·김선은
등록번호 제7-220호

우편주소 ㊉ 132-702 서울시 도봉구 창동 624-1
북한산 현대홈시티 102-1106
대표전화 02) 992 / 3253
전 송 02) 991 / 1285
홈페이지 http://www.jncbms.co.kr
전자우편 jncbook@hanmail.net

ISBN 978-89-5668-408-6 13720 정가 13,000원